OD ISTE AUTORKE

SREĆNI LJUDI ČITAJU I PIJU KAFU

Anjes Marten-Ligan

Život je lak, ne brini

Prevela s francuskog
Gordana Breberina

Laguna

Naslov originala

Agnès Martin-Lugand
LA VIE EST FACILE, NE T'INQUIÈTE PAS

Copyright © Éditions Michel Lafon 2015, La vie est facile ne t'inquiète pas
Published by arrangement with Lester Literary Agency

Translation copyright © 2018 za srpsko izdanje, LAGUNA

Kupovinom knjige sa FSC oznakom pomažete razvoj projekta odgovornog korišćenja šumskih resursa širom sveta.
NC-COC-016937, NC-CW-016937, FSC-C007782
© 1996 Forest Stewardship Council A.C.

Za moja tri muškarca...

Okončanje normalnog žaljenja nipošto nije zaboravljanje pokojnika, već sposobnost da se on smesti na pravo mesto u jednoj završenoj priči, sposobnost čoveka da se vrati životnim aktivnostima, planovima i željama koji daju vrednost postojanju.
      Monik BIDLOVSKI, *Sanjam dete*

    Don't worry. Life is easy.*
      ARON, *Little Love*

---

* Engl.: Ne brini. Život je lak. (Prim. prev.)

1

Kako sam mogla opet da popustim pred Feliksovim navaljivanjem? Nekim čudom uvek uspe da me nasamari: pronađe neki argument, neko ohrabrenje kako bi me ubedio da to uradim. Svaki put nasednem, pomislivši da će se možda desiti nešto što će me navesti da popustim. A poznajem Feliksa kao zlu paru: ukusi su nam potpuno različiti. Kad god je razmišljao ili odlučivao umesto mene, neminovno bi omašio. Morala sam to da očekujem, tako dugo smo prijatelji. I evo, šesti put zaredom, provodila sam subotnje veče u društvu totalnog kretena.

Prethodne nedelje sam se družila s pobornikom zdravog života i organske ishrane. Kao da je Feliks potpuno zaboravio poroke svoje najbolje prijateljice. Celo veče sam slušala pridike zbog pušenja, alkoholizma i nezdrave ishrane. Taj hipik u japankama objasnio mi je krajnje prirodno da je moja životna higijena katastrofalna, da ću završiti neplodna i da nesvesno flertujem sa smrću. Feliks nije ni morao da mu da podatke o meni. Nabacivši svoj najlepši osmeh, odgovorila sam mu da sam odlično upućena u temu smrti i želje za samoubistvom i otišla.

Kreten za ovu subotu bio je u drugačijem fazonu: prilično lep dasa, koji voli i može dosta da popije i ne soli drugima pamet. Ima, međutim, jednu manu koja nije zanemarljiva: izgleda da je uveren kako će me odvući u krevet pomoću priče o podvizima koje je izveo u društvu svoje ljubavnice po imenu Go Pro: „Ja i moja Go Pro spustili smo se letos niz zaleđeni potok... Zimus smo se moja Go Pro i ja bavili mogulom..."* Tuširao sam se sa svojom Go Pro... Znaš, pre neki dan sam se vozio metroom sa svojom Go Pro" itd. To je trajalo više od sat, nije mogao da izgovori ni jednu jedinu rečenicu a da je ne pomene. U jednom trenutku sam se zapitala da li s njom ide i u klozet.

Naglo je zaćutao, a onda me je upitao:

„Da li sa Go Pro idem... gde? Mislim da nisam dobro razumeo."

Uh! Razmišljala sam naglas. Dojadilo mi je više da ispadam oštrokonđa koju ne zanima ono što joj ljudi pričaju i koja se pita šta uopšte tu radi. Rešila sam, međutim, da naglo povučem flaster: tako manje boli.

---

* Vrsta slobodnog skijanja koja podrazumeva izvođenje akrobatskih figura dok se skija po stazi sa izbočinama, grbama. (Prim. prev.)

„Slušaj, ti si nesumnjivo vrlo simpatičan momak, ali si previše zaljubljen u svoju kameru da bih poželela da se ubacim između vas dvoje. Preskočiću desert. A što se tiče kafe, sama ću je spremiti kod kuće."

„U čemu je problem?"

Ustala sam i on je sledio moj primer. Umesto pozdrava, samo sam mu mahnula rukom, a onda sam se zaputila ka kasi; nisam toliko nekulturna da ga pustim da plati račun posle takvog fijaska. Pogledala sam ga još jednom i zauzdala grohotan smeh. Šteta što nemam Go Pro, pa da ovekovečim njegovu facu. Jadničak.

Sutradan me je probudio telefon. Ko se usuđuje da me probudi u nedelju, kad je toga dana spavanje dokasno za mene svetinja? Nisam ni morala da postavim sebi to pitanje!

„Da, Felikse", progunđah u telefonsku slušalicu.

„*And the winner is...*"*

„Začepi!"

Iznerviralo me je njegovo kikotanje.

„Čekam te za jedan sat, znaš već gde", izgovori na jedvite jade pre nego što je prekinuo vezu.

Protegnuh se u krevetu kao mačka, pa pogledah na budilnik: 12.45. Moglo je da bude i gore. Koliko mi radnim danima uopšte ne pada teško da ustanem rano kako bih otvorila svoju kafe-knjižaru *Srećni ljudi čitaju i piju kafu*, toliko mi je nedeljom važno da se naspavam kako bih se oporavila, ispraznila glavu. Spavanje

---

* Engl.: A pobednik je... (Prim. prev.)

je ostalo moje utočište; u njega sam se najpre sklanjala od velike tuge, a kasnije od sitnih problema. Pošto ustanem, zadovoljno konstatujem da je dan lep; stiglo je parisko proleće.

Kad se spremim, uspem da se uzdržim i ne mašim za ključeve od *Srećnih ljudi*. Nedelja je, a ja sam se zarekla da neću više svraćati tamo na „Gospodov dan". Prevalila sam, bez žurbe, put do Ulice arhiva. Tumarala sam, razgledala izloge pušeći prvu cigaretu koju sam zapalila toga dana, sretala redovne goste *Srećnih ljudi* kojima bih mahnula rukom u prolazu. Feliks je taj mirni šarm narušio kad sam stigla na terasu na koju idemo nedeljom.

„Šta to izvodiš? Malo je nedostajalo da me oteraju od našeg stola!"

„Dobar dan, obožavani moj Felikse", odgovorih mu cmoknuvši ga u obraz.

On zažmiri.

„Previše si ljubazna, iza toga se nešto krije."

„Ma ne! Pričaj mi kako si proveo veče. Kad si došao kući?"

„Onda kad sam te pozvao telefonom. Gladan sam, naručimo nešto!"

Pustih ga da mahne konobaru kako bi naručio branč. To mu je bila nova zanimacija. Zaključio je da će mu posle burnih subotnjih večeri branč bolje pomoći da ostane mlad i svež nego parče podgrejane pice. Otada traži da mu se divim, u stavu mirno, dok proždire kajganu, baget i kobasice i pije litar soka od pomorandže ne bi li utolio žeđ posle kasnog provoda.

* * *

Ja sam, kao i obično, pojela ono što je njemu ostalo; on mi ubija apetit. Sa naočarima za sunce nataknutim na nos, pušili smo zavaljeni u stolice.

„Hoćeš li ih videti sutra?"
„Kao i obično", odgovorih mu nasmešivši se.
„Poljubi ih za mene."
„Svakako. Ne ideš više tamo?"
„Ne, ne osećam više potrebu."
„Kad se samo setim da ranije nisam htela tamo ni da kročim nogom!"

To je postao moj ritual ponedeljkom. Pošto su *Srećni ljudi* toga dana bili zatvoreni, odlazila sam kod Kolena i Klare. Imala sam sastanak s njima, po kiši, vetru, snegu... Volela da im pričam kako sam provela nedelju, dogodovštine iz *Srećnih ljudi*... Otkako sam ponovo počela da izlazim, detaljno sam prepričavala Kolenu svoje neuspešne sudare, činilo mi se da ga čujem kako se smeje i smejala sam se zajedno s njim, kao da smo u dosluhu. Bilo mi je, međutim, mnogo teže da se poveravam Klari. Uspomena na ćerku uvek me je gurala u vrtlog bola. Mahinalno prinesoh ruku vratu; upravo sam za vreme jednog od tih razgovora u četiri oka sa Kolenom skinula s lančeta burmu koja je na njemu visila kao privezak. Zauvek.

Ima već nekoliko meseci kako je ne nosim. Objasnila sam Kolenu kako sam razmislila i kako nameravam da prihvatim Feliksov predlog i krenem ponovo da izlazim.

„Ljubavi… ti si tu… uvek ćeš biti tu… ali otišao si… daleko si i nikad se nećeš vratiti, pomirila sam se s tim… znaš, želim da pokušam…"

Igrajući se vrhovima prstiju s burmom, uzdahnula sam i pokušala da progutam suze.

„Počinje da me opterećuje… Znam da se ti nećeš ljutiti na mene zbog toga… mislim da sam spremna… skinuću je… osećam da sam te prebolela… uvek ću te voleti, to se neće promeniti, ali sada je drugačije… umem da živim bez tebe…"

Poljubila sam nadgrobnu ploču i skinula lančić. Oči su mi bile pune suza. Snažno sam stegla burmu u šaci. A onda sam ustala.

„Vidimo se sledeće nedelje, ljubavi moje. Klaro… mama… mama te voli."

Otišla sam ne okrećući se.

Feliks prekinu moje razmišljanje lupivši me po butini.

„Idemo pešice, lepo je vreme."

„Pratim te u stopu!"

Šetali smo kejom. Kao i svake nedelje, Feliks je hteo da pređemo preko Sene i odemo u Bogorodičinu crkvu da zapali sveću. „Moram da se iskupim za grehe", pravdao se. Nisam glupa: sveća je bila namenjena Klari i Kolenu, tako je održavao vezu s njima. Dok se on unutra predavao svojim mislima, ja sam strpljivo čekala ispred katedrale i posmatrala turiste koje su napadali golubovi. Uspela sam da popušim cigaretu pre nego što sam prisustvovala rimejku pogibije majke Amelije Pulen, koju je Feliks maestralno odigrao. Vrisak je bio za Oskara! Fantastični glumac, koji me je uhvatio s leđa za ramena, pozdravio je onda oduševljenu imaginarnu publiku i mirno me poveo nazad u naš dragi Mare i suši-bar u koji smo odlazili nedeljom uveče.

Feliks je pio sake. „Klin se klinom izbija", govorio mi je. Ja sam se pak zadovoljila pivom ćingdao. On pređe u napad između dve rolnice maki i zatraži da mu podnesem izveštaj. Biću kratka!
„I šta zameraš tipu od juče?"
„Što se ne odvaja od kamere!"
„Opa! To je baš uzbudljivo."
Pljesnuh ga po glavi.
„Kada ćeš shvatiti da se moj seksualni život razlikuje od tvog?"
„Tvoj je tužan", primeti on sa žaljenjem.
„Idemo kući? Film na prvom programu nas neće čekati."
Feliks me, kao i uvek, otprati do ulaza u zgradu u čijem su prizemlju bili *Srećni ljudi*. I snažno me stegnu, kao i uvek.
„Hoću nešto da te zamolim", rekoh mu dok sam još bila u njegovom zagrljaju.
„Šta?"
„Prestani, molim te, da izigravaš sajt za upoznavanje, ne mogu više da traćim vreme na neuspešne večernje izlaske. To je obeshrabrujuće!"
On me odgurnu.
„Ne, neću prestati. Hoću da upoznaš nekog dobrog, simpatičnog momka s kojim ćeš biti srećna."

„Upoznaješ me samo s budalama, Felikse! Sama ću se snaći."

Prodorno me je gledao.

„Još misliš na onog svog Irca?"

„Prestani da lupetaš! Ima godinu dana kako sam se vratila iz Irske. Da li sam ti ponovo pominjala Edvarda? Nisam! On nema nikakve veze s tim. To je završena priča. Nisam ja kriva što me upoznaješ samo s blesanima!"

„U redu, u redu! Ostaviću te neko vreme na miru, ali moraš da budeš otvorena za nove susrete. Ti znaš isto tako dobro kao ja da bi Kolen voleo da imaš nekoga u životu."

„Znam. I nameravam da ga pronađem... Laku noć, Felikse. Vidimo se sutra! Sutra je veliki dan!"

„*Yes!*"

Cmoknula sam ga i ušla u zgradu. Uprkos Feliksovom navaljivanju, nisam htela da se odselim odatle. Volela sam da živim iznad *Srećnih ljudi*, u svom stančiću. Bila sam u srcu aktivnosti, to mi je odgovaralo. I pre svega, tu sam krenula iz početka, bez ičije pomoći. Krenula sam stepenicama, radije nego liftom, i popela se na peti sprat. Kad sam ušla u stan, naslonila sam se leđima na vrata i zadovoljno uzdahnula. Uprkos našem poslednjem razgovoru, provela sam divan dan sa Feliksom.

Suprotno onome što je on mislio, nikad nisam gledala filmove na prvom programu. Pustila bih muziku – večeras je to bila Ogirova pesma *King and Cross* – i započela ono što sam zvala svojim „spa večerima". Rešila sam da malo više brinem o sebi, a ima li boljeg trenutka od nedelje uveče da se odvoji vreme za masku, piling i sve ostale ženske trikove?

Sat i po kasnije najzad sam izašla iz kupatila; lepo sam mirisala i koža mi je bila meka. Sipala sam sebi poslednju šolju kafe za taj dan i strovalila se na trosed. Zapalila sam cigaretu i pustila um da luta. Feliks nikad nije saznao šta me je navelo da potisnem Edvarda u dubine svog pamćenja kako ne bih više mislila na njega.

Po povratku iz Irske nisam ni sa kim ostala u vezi: ni sa Ebi i Džekom, niti sa Džudit, a pogotovo ne sa Edvardom. On mi je, naravno, najviše nedostajao. Sećanje na njega vraćalo se u talasima, ponekad prijatnim, a ponekad bolnim. Ali što je vreme više proticalo, to sam bila sigurnija da nikad neću saznati šta je s njima, a naročito s njim. Posle toliko vremena to više ne bi imalo nikakvog smisla; otada je prošlo više od godinu dana… A ipak…

Oko šest meseci ranije, jedne zimske nedelje, dok je pljuštalo kao iz kabla, ostala sam kod kuće i bacila se na sređivanje plakara; naletela sam na kutiju u koju sam stavila fotografije na kojima smo nas dvoje, snimljene na Aranskim ostrvima. Otvorila sam je i raznežila se kad sam ponovo videla njegovo lice. Odjurila sam, kao pomahnitala, do telefona, pronašla njegov broj u imeniku i pritisnula dugme za zvanje. Htela sam, ne, morala sam da saznam šta je s njim. Svaki put kada bi se začula zvonjava, bila sam u iskušenju da prekinem vezu, rastrgnuta između straha da ću čuti njegov glas i snažne želje da ponovo uspostavim vezu s njim. I onda se uključila telefonska sekretarica: čulo se samo njegovo ime, koje je izgovorio svojim promuklim glasom, i *biiiip*. Promrmljala sam: „Ovaj... Edvarde... To sam ja... Dijan. Htela sam... htela sam da čujem... uh... kako si... Pozovi me... molim te." Kad sam spustila slušalicu, pomislila sam da je glupo što sam to uradla. Išla sam ukrug, grizući nokte. Opsednuta željom da ga čujem, saznam da li me je zaboravio, celo veče se nisam odmicala od telefona. Čak sam posle deset ponovo pokušala da ga dobijem. Nije se javio. Sutradan ujutru, kad sam se probudila, nazvala sam sebe svakojakim pogrdnim imenima, pošto sam postala svesna koliko je taj moj potez bio smešan. Moj suludi postupak pokazao je da nema više Edvarda: on će ostati samo jedna epizoda u mom životu. On mi je pomogao da se oslobodim odanosti Kolenu. Sada sam se oslobodila i njega. Bila sam spremna da se okrenem drugima.

2

Kad sam tog ponedeljka ujutru otvorila oči, uživala sam u značaju tog dana. Kada uveče budem legla, biću jedina vlasnica kafe-knjižare *Srećni ljudi čitaju i piju kafu*.

Po povratku iz Irske, trebalo mi je nekoliko nedelja da se rešim da se javim roditeljima. Uopšte nisam imala želju da se svađam s njima, niti da slušam njihove primedbe na račun mog života. Kad sam konačno okrenula njihov broj, pozvali su me na večeru i ja sam pristala. Stigavši, osetila sam se neprijatno, kao i svaki put kada bih ušla u njihov stan. Nismo mogli normalno da komuniciramo. Moj otac je ćutao, a majka i ja smo okolišale, ne uspevajući da pronađemo temu za razgovor. Kad smo seli za sto, otac je najzad odlučio da mi se obrati:

„Kako ide posao?", upita me podrugljivo.

Zbog njegovog tona i pogleda koji je bežao, krenuh da se branim:

„Stajem polako na noge. Nadam se da će za dva meseca računi biti u plusu. Imam ideje koje treba da razradim."

„Ne pričaj gluposti, ti se uopšte ne razumeš u to. To ti govorimo otkako je Kolen poginuo. On je radio u ordinaciji i, uz to, vodio i prodavnicu."

„Učim, tata! Želim da uspem i uspeću!"

„Ti nisi sposobna za to, zato nameravam da uzmem stvari u svoje ruke."

„Mogu li da znam kako?"

„Pošto sumnjam da ćeš ponovo pronaći muškarca kadrog da sve radi umesto tebe, angažovaću pouzdanog i ozbiljnog menadžera. Ako hoćeš i dalje da izigravaš konobaricu, neće te sprečavati. Tako ćeš biti zaokupljena nečim."

„Tata, nisam sigurna da razumem…"

„Vidim po tvom izrazu lica da odlično razumeš, ne ponašaj se kao neko dete!"

„Nemaš pravo to da uradiš!"

Naglo sam ustala, oborivši stolicu.

„*Srećni ljudi* su moja kuća!"

„Ne, to je naša kuća!"

Pobesnela sam duboko u sebi, ali sam u suštini znala da je moj otac u pravu. Oni su bili pravi vlasnici *Srećnih ljudi*: pošto ih je Kolen umirio i ohrabrio, izvadili su čekovnu knjižicu da bih ja imala neku zanimaciju.

„Slobodno napravi scenu ako te to zabavlja", nastavio je. „Dajem ti tri meseca."

Otišla sam zalupivši vrata. U tom trenutku sam shvatila da sam se promenila, da sam očvrsnula. Ranije bih bila skrhana, ponovo bih potonula u depresiju.

Ovoga puta sam bila odlučna, imala sam plan. Oni tada nisu znali da sam već pokrenula posao.

Stala sam na noge, počevši od toga što sam uvela besplatan bežični internet. Zahvaljujući tome, privukla sam studente – neki su provodili celo popodne u kafeu, učeći u dnu sale. Snizila sam cenu kafe i piva, što mi je obezbedilo njihovu odanost. Većina je na kraju stekla naviku da kod mene kupuje knjige, znajući da ću dati sve od sebe kako bih im pronašla naslov koji će im spasti rad. Za razliku od perioda kad je Feliks sam vodio kafe, *Srećni ljudi* su se sada svakodnevno otvarali u navedeno vreme, što je dalo rezultate. To mi je omogućilo da gostima ulijem osećaj sigurnosti: niko nije više naizlazio na zatvorena vrata.

Gužva je dostizala vrhunac triput dnevno: ujutru, kad su ljudi dolazili na kafu pre nego što krenu na posao; u podne, za vreme pauze za ručak – ljubitelji književnosti u potrazi za novim romanima zaboravljali su da jedu; i uveče, kad su dolazili na piće posle posla – tada bi popili čašicu za šankom i, s vremena na vreme, kupili neku knjigu kako bi imali čime da se zanimaju kad ostanu sami. Feliks je u određenim razmacima dobijao odrešene ruke da organizuje tematske večeri, u čemu je nenadmašan. Uvek bi pronašao nekog luckastog, neverovatno obrazovanog govornika, koji bi debatovao o pokrenutoj, obavezno škakljivoj temi, i alkohol bi tekao u potocima. Zbog toga su učesnici redovno odlazili s po nekoliko knjiga ispod miške i nisu baš tačno znali o čemu se razgovaralo. A Feliksova napojnica je bila izražena u obećanjima ludog noćnog provoda. Ja tome nikad nisam prisustvovala – to je bila njegova stvar; ostavila bih ga da se zabavlja i žmurila sam na njegove šokantne goste.

    Želela sam da *Srećni ljudi* postanu kafe-knjižara u kojoj je svima prijatno i gde vlada tolerancija, u kojoj ima mesta za sve vrste knjiga. Želela sam da čitaoci uživaju, da čitaju ono što žele, ne stideći se zbog toga. Nije bilo važno da li hoće neku nagrađenu knjigu ili neki bestseler, jedino je bilo bitno da čitaju i pritom nemaju utisak kako neko osuđuje njihov izbor. Meni je čitanje oduvek pričinjavalo zadovoljstvo, želela sam da ga osete i otkriju i ljudi koji dolaze u moj kafe, da čak i oni koji to uporno odbijaju pokušaju da se upuste u tu pustolovinu. Na mojim policama su bili pomešani svi žanrovi; kriminalistički roman, klasici, ljubavni roman, poezija, književnost za mlade, književna svedočanstva, bestseleri i naslovi štampani u ograničenom tiražu. Feliks, redovni gosti i ja redovno smo se sastajali u mom kafeu, u kome je bilo svega i svačega. Dopadao mi se taj lov na blago – KNJIGU – u koji smo svi zajedno polako uključivali nove goste.

Danas su *Srećni ljudi* moj siguran oslonac. Oni su mi omogućili da isplivam na površinu, ponovo izgradim svoj život u Parizu, shvatim koliko posao blagotvorno deluje na mene, dokažem samoj sebi – ako već nisam dokazala svojim roditeljima – da sam sposobna nešto da uradim. Zahvaljujući *Srećnim ljudima*, ponovo mogu da gradim međuljudske odnose, žena sam koja radi i prihvata sebe takvu kakva je. Trebalo je da izgubim ono što mi je najdraže kako bih shvatila koliko sam vezana za to mesto, za ta četiri zida. Za poslednjih dvanaest meseci nisam uzela nijedan slobodan dan, nisam mogla da napustim to mesto i nikad više neću pustiti Feliksa da sam vodi moj kafe.

Jedini neuspeh u našem poslu nije bio posledica nedostatka gostiju; za njega sam ja bila odgovorna. Došla sam na ideju da sredom po podne uvedem čitalačke radionice za decu. Feliks me je podržao, znao je da obožavam dečju književnost. Reklamirali smo se, razdelili smo letke po školama i igraonicama u kraju… Obnovila sam zalihe voćnih sirupa i, pre svega, dečjih knjiga. Veliki dan je došao. Kad sam videla kako prve mame pristužu na vrhovima prstiju, zajedno sa svojim mališanima, zvonce na vratima me je nateralo da poskočim, prvi put posle tolikih nedelja; sakrila sam se iza bara. Samo sam ih pozvala da se smeste u maloj sali u dnu. Zamolila sam Feliksa da im posveti pažnju dok ja napolju pušim. Pošto se nikako nisam vraćala unutra, došao je kako bi mi rekao da samo mene čekaju; bilo je predviđeno da ja vodim radionicu. Pridružila sam im se posrćući. Kad sam počela da čitam *Plavog psa*, nisam prepoznala sopstveni glas.

Kad mi je prišao jedan trogodišnjak, shvatila sam da sam napravila veliku grešku. Spustila sam pogled na njega, ustuknula i počela da se tresem. U tom trenutku sam poželela da je to Klara, da mi je prišla kako bi mi se popela u krilo da izbliza vidi knjigu. Ja bih joj onda zarila nos u kosu. Knjiga mi je ispala iz ruku i pozvala sam Feliksa u pomoć. Nije mu dugo trebalo, pošto je bio tu, motrio je na mene. Preuzeo je štafetu, zasmejavao je decu, a ja sam se popela u svoj stan i zabarikadirala se unutra. To veče i noć provela sam ispod jorgana, vrišteći u jastuk, plačući i dozivajući Klaru.

Sutradan smo vratili knjige izdavačima. Taj nervni slom mi je pokazao da se nikad neću oporaviti od gubitka ćerke. Muža sam mogla da prebolim, ali ne i nju. Upravo sam shvatila da nikad više nijedno dete neće ući ni u moj život, ni u *Srećne ljude*.

Uprkos tom incidentu, donela sam odluku. Zakazala sam sastanak u banci kako bih videla šta je ostalo od Kolenovog životnog osiguranja. Potrudio se da me zbrine. Neću više uludo trošiti taj novac, treba da ga iskoristim za nešto važno, za nešto što bi ga usrećilo. Trebao mi je plan dostojan mog muža i ovo je bilo savršeno rešenje: otkupiću *Srećne ljude* od roditelja.

Došao je taj veliki dan: okončala sam višemesečnu bitku s roditeljima. Taj događaj me nije sprečio da odem kod Kolena i Klare. Koračala sam stazama na groblju uzdignute glave i sa osmehom na usnama. Kad sam spustila buket belih ruža, morala sam da se izvijem kako bih klekla tako da ne izgledam smešno: obukla sam crnu haljinu koja mi je bila malčice tesna i obula cipele s visokim potpeticama – prošla je čitava večnost otkako sam to poslednji put uradila. Roditelji su me sigurno opisali javnom beležniku kao neodgovornu i depresivnu ženu, htela sam da ih uverim u suprotno.

„Ljubavi, danas je veliki dan! Večeras ću biti kod svoje kuće. Nadam se da si ponosan na mene, ovo radim zbog vas dvoje. A pošto ja ništa ne radim polovično, Feliks i ja ćemo posle potpisivanja napraviti žurku! Kad sam mu rekla za to, pomislila sam da će zaplakati od sreće. Život se nastavlja... to mi je čudno... Ne mogu da ostanem duže, čekaju me da potpišem! Volim vas, ljubavi moje. Klaro... mama... mama je tu..."

Poljubila sam njihov spomenik i otišla s groblja.

Čitanje ugovora kod javnog beležnika obavljeno je u miru i tišini. Stigao je veliki trenutak: potpisivanje. Uspela sam tek iz drugog pokušaja – toliko sam drhtala. Ponela su me osećanja, uspela sam, mislila sam samo na Kolena i na tu novu Dijan. Kad sam ponovo sela na stolicu, suze su mi navrle na oči. Srela sam majčin bezizražajan pogled. Beležnik mi je onda pružio parče papira koje je potvrđivalo da su *Srećni ljudi* sada u mom vlasništvu. U kupoprodajnom ugovoru je stajalo crno na belo da sam udovica bez dece. Ljubazno nam je saopštio da možemo da idemo. Kad smo se obreli na pločniku, okrenula sam se ka roditeljima; ne znam ni sama šta sam očekivala od njih.

„Nismo verovali da ćeš istrajati", rekao mi je otac. „Nemoj i ovoga puta da uprskaš."

„To mi nije namera."

Pogledala sam majku. Prišla mi je i poljubila me srdačnije nego inače.

„Nikad nisam umela da budem majka kakva ti je bila potrebna", šapnula mi je na uvo.

„Tužna sam zbog toga."

„A ja sam očajna."

Pogledasmo jedna drugu u oči. Htela sam da je pitam: „Zašto?", ali sam po njenom izrazu lica shvatila kako ne može da podnese moja pitanja, moje prebacivanje. Majčin oklop je pucao, kao da je najzad mogla da oseti grižu savesti. Ali zar nije bilo prekasno? Otac ju je uzeo pod ruku i rekao joj kako je vreme da pođu. Umesto da me obodre, rekli su mi: „Vidimo se uskoro." Otišli su jednom stranom ulice, a ja drugom. Stavila sam naočare za sunce i zaputila se u *svoju* kafe--knjižaru *Srećni ljudi čitaju i piju kafu*. Spustila sam se Sevastopoljskim bulevarom do Ulice Rivoli. Nisam išla uskim uličicama, mamili su me veliki bulevari, htela sam da prođem pored gradske većnice, da se guram s prolaznicima kod robne kuće BHV. Kad sam najzad skrenula levo u Ulicu Vjej di templ, ostalo mi je da prevalim još samo stotinak metara do svoje kuće. Kad se začulo zvono iznad vrata, pomislila sam da su me Feliksovi doušnici pratili celim putem, pošto je otvorio šampanjac upravo u trenutku kad sam prelazila preko praga. Šampanjac je pokuljao na šank. Nije se potrudio da mi ga sipa u čašu: pružio mi je bocu.

„Opasnice!"

Otpih iz flaše. Mehurići mi nadražiše kvržice na jeziku.

„Jebote! Pa sad si mi ti gazdarica!"

„To je super!"

„Bolje ti nego tvoj otac", reče uzevši mi bocu.

„Uvek ćeš biti moj omiljeni ortak, Felikse."

On me snažno privuče k sebi, pa i sam otpi gutljaj.

„Auu, al' je resko ovo vino!", reče zacakljenih očiju, pustivši me.

„Hoću ponovo da uživam u dobrom provodu!"

Nisam se ni popela da se presvučem. Obrisala sam šampanjac sa šanka i zatvorila kafe. Feliks me je poveo u obilazak barova. On je bio poznata faca u gradu i svuda mu je priređivan kraljevski doček. Kokteli su bili unapred odabrani: moj najbolji prijatelj je pažljivo isplanirao to veče. Svi njegovi ljubavnici i kandidati za ljubavnike trudili su se da mi naprave mesto; ako me je Feliks voleo, morali su da brinu o meni. Naš obilazak su obeležili neobični susreti, crveni tepisi, konfete, cveće u mojoj kosi – sve to imalo je za cilj da se to jedno veče osećam kao princeza. Luda atmosfera koju je Feliks organizovao opijala me je možda i više od alkohola kojim su me služili.

Došlo je vreme da večeramo. Svratili smo u jedan bar na tapase, koji sigurno neće moći da upiju sve ono što smo sasuli u sebe. Za nas su bila rezervisana mesta za šankom. Feliks je odlično znao da volim da se natakarim na barsku stolicu kako bih videla sve što se dešava. Čekala nas je boca crnog vina. Feliks podiže čašu.

„Za tvoje roditelje, koji te neće više izluđivati!"

Ništa mu ne odgovorivši, otpih prvi gutljaj. Vino je bilo jako, moćno, kao i sve ono što sam u tom trenutku proživljavala.

„Nemam više porodicu, Felikse..."

Nije znao šta da mi odgovori.

„Uviđaš li ti to? Ništa me više ne vezuje za roditelje, nemam ni brata, ni sestru. Kolen i Klara nisu više tu. Jedino si mi ti ostao. Ti si moja porodica."

„Mi smo par otkako smo se upoznali na faksu, to se nikad neće promeniti."

„Sve smo uradili zajedno!"

„Jedino nismo spavali!"

Užasna slika za oboje! On stavi prst u usta kao da hoće da povraća. Ja uradih to isto. Ponašali smo se kao dvoje pubertetlija!

„Ali ako se predomisliš u vezi s klincima, a ne pronađeš nekog dobrog momka, mogu da ti pozajmim spermu. Naučiću dete kako se živi."

Ispljunuh vino. On prsnu u smeh.

„Kako možeš da izvališ takvu glupost?"

„Postali smo sentimentalni, a to mi ide na živce."

„U pravu si! Hoću da plešem, Felikse."

„Tvoja želja je za mene zapovest."

Zaobišli smo red ispred noćnog kluba: Feliks je imao vezu. Šokirala sam se i umrla od sramote kad je izbacivača poljubio u usta. Poslednji put sam ga videla da se tako ponaša na mojoj devojačkoj večeri! Velika boca šampanjca čekala nas je u VIP separeu. Nakon što sam iskapila dve čaše, bila sam spremna. Njihala sam kukovima, žmureći. Osećala sam se živo, deset godina mlađe, isprala sam tugu iz sebe, bilo mi je dozvoljeno da uživam u životu.

„Naručio sam pesmu za tebe", šapnu mi Feliks na uvo. „Iskoristi priliku, neće je puštati celo veče bez prekida."

Dva para ruku me podigoše na podijum. Bas-linija i bubnjevi baciše me u trans. Nekoliko minuta sam bila kraljica večeri uz *Panic Station* grupe *Mjuz*. Nedeljama sam slušala tu pesmu bez prestanka, Feliks nije više mogao da izdrži. Čak me je zatekao kako je slušam dok čistim u kafeu. Sada sam imala publiku. Naterah ga da zajedno sa mnom otpeva refren: *Ooo, one, two, three, four, fire's in your eyes. And this chaos, it defies imagination. Ooo, five, six, seven minus nine lives. You've arrived at panic station.*

Oko četiri ujutru smo odlučili da se vratimo kući. To je bilo mučno i neprijatno za sve koji su spavali. Ja sam i dalje pevala svoju pesmu iz sveg glasa, dok je Feliks, koji je sakrio bocu šampanjca ispod jakne, izigravao prateći vokal. Otpratio me je do ulaza u zgradu u čijem su se prizemlju nalazili *Srećni ljudi*. Bacio je pogled na izlog.

„Srećni ljudi sami odlučuju o svom životu! Sad si svoj na svome!"

„Strava!"

„Hoćeš li uspeti da se popneš?"

„*Yes!*"

Poljubismo se.

„Laku noć, porodice moja", rekoh mu.

„Hoćemo li da nastavimo žurku?"

„Ni slučajno!"

Pustih ga i otvorih vrata.

„Uzgred, sutra pre podne će biti zatvoreno, spavaj."

„Hvala, gazdarice!"

On ode čio i veseo, kao da ga je okrepila vest da će moći da spava dokasno. Nije znao da nameravam da otvorim na vreme.

Buđenje je bilo surovo. Pretražila sam poluzatvorenih očiju ormarić s lekovima i progutala tabletu paracetamola pre prve jutarnje kafe. Za mene je to u normalnim okolnostima bilo nezamislivo. Istуširala sam se hladnom vodom kako bih razbistrila misli. Dok sam obuvala cipele, pomislih kako najveća greška koju sam napravila prethodne večeri nije bio odlazak u provod sa Feliksom, već činjenica da sam ostala u cipelama s visokim potpeticama. Radiću u japankama u aprilu!

Kao i svakog jutra, svratila sam do pekare da kupim kroasan i buhtlu sa čokoladom. Onda sam otvorila *Srećne ljude*. Nisam zatvorila vrata: svež jutarnji vazduh pomoći će mi da ostanem budna – nema veze što su mi stopala ledena. Uključila sam aparat i pripremila trostruku dozu kafe. Stigoše prvi gosti, koji su se polako rasanjivali zajedno sa mnom, prelistavajući *Parizjen*. Kad je prošao taj prvi talas, malo sam pospremila, proverila zalihe i račune, kao što sam radila svakog jutra u proteklih godinu dana, a onda sam preletela preko tekstova o najnovijim knjigama. Znala sam da ću neko vreme uživati u miru pošto Feliks neće ustati pre podneva. Neka iskoristi priliku! Ništa se nije promenilo, a ipak je sve bilo drugačije. Iz te bitke s roditeljima izašla sam kao zrela i uravnotežena osoba. Ništa im više nisam dugovala. Moj život se nije završio posle raskida s njima, iako sam zbog toga osećala izvesnu ogorčenost.

3

Dok sam u predvečerje tog sunčanog dana pušila na pločniku, naslonjena na izlog, jedan gost je provirio unutra. Pogledala sam ga, ali mi nije ništa rekao – Feliks će se pobrinuti za njega. Kad sam se vratila u kafe, moj ortak je vrteo palčeve za šankom, a gost je zbunjeno razgledao knjige poređane nelogičnim redosledom. Krenuh ka njemu.

„Dobar dan, mogu li da vam pomognem?"

On se okrenuo prema meni, ali ništa nije rekao. Neodređeno se nasmeših.

„Uh… dobar dan… mislim da sam pronašao ono što mi treba", reče on uzevši nasumice neku knjigu. „Ali…"

„Da?"

„Bar je još otvoren?"

„Naravno!"

„Popiću pivo."

On sede za šank i, kad sam mu donela kriglu piva, pogleda me i nasmeši mi se u znak zahvalnosti. Onda krenu da kucka po telefonu. Neupadljivo sam ga posmatrala. Bilo je nečeg umirujućeg u tom čoveku. Bio je privlačan, ali nisam znala da li bih se okrenula za njim na ulici. Feliks pročisti grlo i vrati me u stvarnost. Njegovo smejuljenje me je iznerviralo.

„Šta je?"

„Možeš li da zatvoriš? Čekaju me..."

„Nema problema, ali ne zaboravi: sutra stiže roba, ne želim da se opet ušinem."

„U koliko sati?"

„U devet."

„Računaj na mene."

On uze jaknu, cmoknu me u obraz i ode. Nekoliko minuta kasnije, mom gostu zazvoni telefon; izgleda da ga je taj poziv naljutio. Ne prekidajući razgovor, ispio je pivo, ustao i upitao me pogledom koliko duguje. Plati mi, pa reče sagovorniku da ne prekida vezu. Prekrivši rukom telefon, reče mi:

„Prijatno... ovde vam je baš lepo."

„Hvala."

Zatim se okrenuo i otišao. Zvonce koje zazveča kad je izašao izmami mi osmeh. Zavrteh glavom i reših da zatvorim malo ranije.

Bila sam, naravno, sama kad je narednog jutra stigla roba. Da bih dala oduška svom gnevu, pozvala sam Feliksa telefonom. Ostavila sam poruku na govornoj pošti: „Felikse, nosi se! Opet ću morati sve sama da uradim!"

Zamolih dostavljača da mi pomogne da unesem kutije u kafe, ali bez uspeha. Zurila sam, povijenih leđa, u kamion dok je izlazio iz ulice. Kad sam zavrnula rukave i uzela prvi paket – onaj najmanji – neko me oslovi:

„Sačekajte! Ja ću vam pomoći!"

Gost od prethodne večeri nije mi ostavio vremena da reagujem: uze mi paket iz ruku.

„Šta vi ovde radite?", upitah ga.

„Stanujem u ovoj četvrti. Gde ovo da stavim?"

Odvedoh ga do ostave koja nam je služila kao magacin, nastavivši da ga ispitujem:

„Nisam vas ranije viđala u kraju."

„Nije ni čudo, doselio sam se pre tri nedelje. Ja sam vas primetio… već prvog dana, uh… u stvari, vaš kafe… Ukratko, tek sam juče našao vremena da dođem i malo bolje pogledam. Dobro… Da i sve ostale stavim ovde?"

„Ne, ostavite to, snaći ću se sama. Nemojte da zakasnite zbog mene."

„Ma hajte, molim vas!", odvrati mi on sa širokim osmehom, pa skinu jaknu i uze sledeću kutiju.

Bio je neverovatno efikasan; sve je za deset minuta bilo uneto.

„Gotovo! Kao što vidite, nije dugo trajalo."

„Hvala… Imate li još malo vremena?"

„Imam", odgovori mi on i ne pogledavši na sat.

„Pripazite dva minuta na kafe."

Otrčah u pekaru i kupih malo više peciva nego obično. Kad sam se vratila u *Srećne ljude*, famozni gost je i dalje stajao tamo gde sam ga ostavila.

„Odgovara li vam da naknada bude u vidu doručka?"

„Ako me budete oslovljavali po imenu i ako prestanete da mi persirate!"

Nasmeših se i pružih mu ruku.
„Dijan."
„Olivje, drago mi je..."
„Tvoj sam dužnik. A sad za sto!"
Pređoh s druge strane šanka i shvatih da se previše smešim. Olivje sede na barsku stolicu.
„Kafa?"
„Izgleda da kafa usrećuje ljude..."
„Čaj takođe."
„Ne, kafa je sasvim u redu."
Doručak se odužio, pričali smo o četvrti, kiši, lepom vremenu... Bilo je prijatno. Olivje je stvarno bio šarmantan i više nego simatičan sa svojim nasmejanim očima i rupicama na obrazima. Upravo mi je govorio da je fizioterapeut kad je pogledao na sat.
„O ne! Moj prvi pacijent."
„Oh... žao mi je, ja sam kriva."
„Ma ne, ja sam, ovde mi je tako prijatno. Mislim da ću često svraćati."
„Vrata će ti uvek biti otvorena. Hajde! Briši!"
On istrča napolje.
Nepunih pet minuta kasnije, pojavi se Feliks sa glupavim osmehom na usnama.
„Kakav lenjivac! Stižeš posle bitke!"
„Vidim da si se ti okrepila posle bitke! Osim toga, koliko sam video, nisi se oznojila."
Razrogačih oči i zinuh od čuda.
„Kako... kako... kako to..."
„Kafa preko puta ima ukus mokraće, ali sam imao savršen pogled na vaše ljubavisanje!"
„Isplanirao si sve ovo."

„To je juče bilo očigledno. Taj tip je zacopan u tebe, danima se mota oko *Srećnih ljudi*. Jutros sam sproveo test. On je čestit momak, vidim da ti se sviđa."

„Ali... ne, nimalo..."

„Oh, ona je zaljubljena i glupa, to je tako slatko!"

On me pljesnu po glavi, prvi put toga dana.

„Simpatičan je i to je sve. Pusti me na miru. Osim toga... možda nikad više neće kročiti ovamo."

„Pričaj ti to nekom drugom!"

Još iste večeri uhvatila sam sebe kako pomno pratim kretanje na ulici. Zatvorila sam kafe. Nisam ponovo videla Olivjea. Nisam priznavala sebi da sam razočarana. Iskoristih, međutim, grozničavost koja me je obuzela: bila sam opijena, lebdela sam, oduševljena što sam ponovo pronašla opuštenost u svakodnevnom životu. Zaista sam se prvi put tako osećala: prisustvo nekog muškarca me je uzbuđivalo i izazivalo moje zanimanje.

Dva dana kasnije Olivje mi se i dalje motao po glavi. Stigao je trčećim korakom dok sam okretala ploču na vratima, spremajući se da zatvorim. Naslonio se rukama na kolena, pokušavajući da dođe do daha. Otvorih vrata.

„Uspeo sam!", reče mi.

„Zatvoreno je!"

„Znam, ali još si tu. Dve večeri te nisam video, danas je to moralo da mi pođe za rukom."

„Šta hoćeš?"

„Da odemo na piće. Iz večeri u veče gledaš druge kako se opuštaju posle radnog dana. Ti takođe imaš pravo na to..."

Sigurno je primetio da sam šokirana.

„…osim ako te neko ne čeka… Izvini, trebalo je da pomislim na to… Dobro… e pa… idem…"

Već je krenuo nazad. Sustigoh ga na ulici. Nisam želela da ode. Bila sam srećna što ga ponovo vidim, to je bilo očigledno.

„Niko me ne čeka."

„Stvarno?"

„Kad ti kažem!"

Popesmo se Ulicom Vjej di templ do Ulice Bretanj. Brzo pronađosmo mesto na terasi. Olivje mi je postavio sijaset pitanja o *Srećnim ljudima*, ali sam izbegavala da mu kažem kako sam otvorila kafe. Pokušao je takođe da sazna ko je Feliks i u kakvom smo odnosu. Po izrazu njegovog lica shvatila sam da mu je laknulo što je moj ortak homoseksualac. Saznala sam da ima trideset sedam godina, da je dugo radio u Belgiji, gde je studirao, i da se pre nešto više od pet godina vratio u Pariz. „Koreni vuku", objasni mi. Videla sam kako se bliži trenutak kada ću morati da mu pričam malo detaljnije o sebi. Tada reših da skratim naš izlazak: nisam bila sigurna da je spreman da čuje ko sam i kroz šta sam prošla. Bilo mi je lepo s njim i uspaničila sam se pri pomisli da će ga moje nedaće oterati. Ali ako između nas dvoje treba nešto da se desi, ne mogu da krijem svoju prošlost od njega. Neminovno ću morati da mu je otkrijem. To je stvarno bio veliki problem.

„Hvala ti na piću, Olivje, ali sad idem kući. Mnogo sam se lepo provela s tobom."

„Zadovoljstvo je više nego obostrano. Gde stanuješ? Mogu li da te otpratim?"

"Živim iznad *Srećnih ljudi*. Ljubazno od tebe, ali nema potrebe da ideš sa mnom do kuće, mogu sama da se snađem."

"Mogu li da pređem deo puta s tobom?"

"Ako baš želiš..."

Krenusmo nazad. Bilo mi je neprijatno, nisam više mogla da razgovaram s njim, izbegavala sam njegov pogled. Osećala se nelagoda. Nakon petominutne šetnje, Olivje reši da se zaustavi.

"Ostaviću te ovde..."

Okrenuh se prema njemu. I dalje se smešio, iako nekoliko minuta nisam prozborila ni reč.

"Mogu li i dalje da te posećujem u *Srećnim ljudima*?", upita me.

"Kad god poželiš... Vidimo se uskoro."

Napravila sam dva koraka unatraške, ne odvajajući pogled od njega, a onda mu okrenula leđa i zaputila se kući. Na pešačkom prelazu na uglu ulica Vjej di tampl i Katr fis bacih pogled preko ramena: Olivje, koji je i dalje nepomično stajao, mahnu mi rukom. Uzdahnuh i nasmeših se, pa produžih svojim putem. Nisam znala šta da radim... Kad sam stigla kući, otišla sam pravo u krevet. San mi dugo nije došao na oči.

Ako je narednih dana i primetio moju nervozu, Feliks to nije pokazao. Obavljala sam poslove kao i obično, ali sam sve vreme mozgala o Olivjeu i budućoj ljubavnoj vezi. Kako da mu opišem svoju situaciju, a da ga pritom ne oteram od sebe? Želela sam da uđem u vezu i osećala sam se spremnom za taj korak, ali nisam htela da se uplaši zbog moje prošlosti, krhkosti i posledica koje je to ostavilo na moj život.

Bilo je mirno subotnje veče. Celog dana je sijalo sunce i gosti su zaobilazili moj lokal, radije su sedeli na terasama. Razumela sam ih, to bih i ja uradila. Zatvorićemo ranije nego inače. Bila sam iza šanka, a Feliks je odsutno sedeo na barskoj stolici.

„Šta si planirao za večeras?", upitah ga sipajući nam crno vino.

„Ne mogu da se odlučim, zovu me na sve strane, pa ne znam kome da ukažem tu počast."

Sva sreća da ga imam: uvek uspeva da me nasmeje.

„A ti?", dodade, nakon što smo se kucnuli čašama.

„Oh, gledaću *Najveći kabare*."*

„Nije ti se javljao tvoj obožavalac?"

„Ne, trebalo je da pretpostavim da neće. Uostalom, zbrisaće čim sazna za Kolena i Klaru… i sve ostalo…"

„Ostalo? Misliš na to što ne želiš više da imaš decu? Ma to je smešno, to će se promeniti pre ili kasnije."

Pri samoj pomisli na dete, počela sam da se tresem.

„Ne, ne verujem."

„Trčiš pred rudu, Dijan. Niko ne traži od tebe da se odmah preudaš ili osnuješ porodicu. Upoznala si nekoga, lepo ti je s njim, pusti da stvari idu svojim tokom."

„Ma ionako nema ništa od toga."

„Nisam tako siguran, vidi ko dolazi…"

---

* Zabavna televizijska emisija u kojoj nastupaju klovnovi, mađioničari, žongleri, akrobate i drugi scenski umetnici. (Prim. prev.)

Ugledah Olivjea, koji se spremao da otvori vrata. Srce je htelo da mi iskoči iz grudi.

„Zdravo", reče on ulazeći u kafe.

„Zdravo, Olivje", odvrati mu veselo Feliks. „Izvoli!"

Feliks lupi po stolici pored sebe, pozvavši ga da sedne. Olivje oprezno krenu ka šanku, zatraživši pogledom dozvolu od mene.

„Piješ isto što i mi?", ponudih ga.

„Zašto da ne?!"

Feliks se pobrinuo za razgovor: zasipao je Olivjea pitanjima o njegovom životu, poslu... Ovaj je rado pristao na to saslušanje. Moj najbolji prijatelj je, zaklanjajući se iza duhovitosti, pokušavao da utvrdi koliko je taj čovek pouzdan; poznavala sam ga dovoljno dobro i znala sam da bi dao sve na svetu samo da pronađem nekoga, ali se u isti mah i plašio toga. Ja se nisam uključivala u razgovor: nisam mogla. Umesto toga, oprala sam sve sudove. Obrisala sam po nekoliko puta svaku čašu i svaku šolju. Izbegavala sam Olivjeov pogled koji je pokušavao da se sretne s mojim. Kad sam shvatila da nema više ničega za pranje, brisanje i glancanje, uzela sam kutiju cigareta ispod bara i izašla.

Pušila sam drugu cigaretu zaredom kad sam začula zvonce: to je bio Feliks.

„E pa kralj je doneo odluku, znam kuda ću u provod."

„Ne... molim te... ne možeš da me ostaviš samu s njim."

„Jedina mu je mana što ne puši. Stvarno je dobar momak. To se oseća. Ne treba da se brineš. Razgovaraj s njim. Samo napred! Uživaj malo više u životu!"

Poljubio me je u obraz.

„Čeka te."

Feliks ode, veseo kao malo dete. Duboko sam uzdahnula, pa ušla u *Srećne ljude*.

„Ehej...", pozdravi me Olivje.

„Ehej..."

„Jesi li raspoložena za večeru udvoje?"

Vratih se iza šanka i otpih gutljaj vina. Olivje nije odvajao pogled od mene.

„Možemo li da ostanemo ovde?", predložih mu. „Zatvaram i bar je večeras samo naš."

„Ako dozvoliš da se ja pobrinem za večeru."

„Važi!"

On skoči sa stolice i zaputi se ka vratima, ali se onda predomislio i okrenuo prema meni.

„Bićeš ovde kad se vratim? Nećeš da pobegneš?"

„Imaj poverenja u mene."

On mi uputi širok osmeh i izađe.

Da bih prekratila vreme dok se ne vrati, ugasila sam svetlo u izlogu i okrenula ploču na vratima – sad je bilo zatvoreno – promenila muziku pustivši najnoviji album Angusa i Džulije Stoun i otišla u toalet. Užasno sam izgledala. Tog jutra sam kasnila i nisam stigla da se našminkam; osim toga, miris koji sam stavila nije više bio tako svež. Imala sam, međutim, problem: nisam želela da rizikujem da Olivje zatekne zatvorena vrata kad se vrati, pa neću moći da se popnem u stan. U tom trenutku mobilni mi zavibrira u džepu. Feliks mi je poslao poruku: „ako hoces da se namolujes, potrazi iza table sa fotkama pored kase". Čovek bi pomislio da je postavio nadzornu kameru u toalet. Ne bi me iznenadilo! Feliks mi je, naime, pripremio torbicu sa šminkom, u koju je stavio i četku za kosu i uzorak mog parfema.

Samo što sam prostrla stolnjak preko šanka, Olivje se vratio, ruku punih hrane.

„Jesi li ti to pozvao drugare da nam se pridruže?"

„Nisam znao šta da odaberem", odgovori on, spuštajući nekoliko kesa na šank. „Zato sam uzeo od svega pomalo. Svratio sam do prodavnice grčkih jela, pa kod italijanskog kobasičara, a onda kod prodavca sira... Za desert sam uzeo kolače sa čokoladom, ali mi je sinulo da možda više voliš voće, tako da ima pita..."

„Nije trebalo sve to da kupiš."

„Volim da se brinem o tebi."

„Misliš da neko treba da se brine o meni?"

On se namršti.

„Ne... sviđaš mi se i to mi pričinjava zadovoljstvo..."

Pogledah u svoja stopala, noge su mi se tresle.

„Ja nisam ovde domaćin, ali hoćemo li da sednemo?"

Znao je šta treba da radi da bih se osećala lagodno i kako da umanji napetost koja je nužno pratila ovaj improvizovani sastanak.

Izgubila sam predstavu o vremenu. Godinama nisam provela ovako prijatno veče. Olivje me je zasmejavao pričajući mi o svojim pacijentima, umišljenim bolesnicima. Otkrivala sam spontanog muškarca koji zna šta hoće i nalazi sreću u malim stvarima. Želeo je da sazna malo više o meni.

„Još si malčice uzdržana... Pitam se zašto... Valjda me se ne plašiš?"

„Ne", odgovorih nasmešivši se, „nego odavno nisam bila u ovakvoj situaciji..."

„Prošla si kroz bolan raskid? Izvini, možda sam malo netaktičan..."

„Ne... komplikovanije je... ne mogu to tako lako da objasnim..."

„Ne moraš da mi kažeš..."

„Hoću, to je važno... možda posle nećeš više hteti da se viđaš sa mnom..."

„Hoću, osim ako mi ne saopštiš da si ubica..."

„Uveravam te da nikoga nisam ubila!", odgovorih mu kroz smeh.

Pogled mi je leteo levo-desno. Duboko udahnuh, pa rekoh:

„Znaš, Olivje... pre tri godine sam izgubila muža i ćerku u saobraćajnoj nesreći..."

„Dijan... ja..."

„Ništa ne govori, sad sam dobro. Ali otada nisam imala nikoga... i moram priznati... prvi put mi je stvarno lepo s nekim muškarcem. Razumeću ako te to plaši..."

Naslonila sam glavu na šank, s licem prema podu. Videla sam kako se Olivje saginje i pokušava da mi sretne pogled. Nasmejah se. Nije postao ni dalek, ni uzdržan, ostao je isti.

„Želiš li nešto za podizanje raspoloženja?"

„Da."

„Mogu li da odem s druge strane šanka i otvorim novu bocu?"

Klimnuh glavom i ispratih ga pogledom.

„Shvataš li da sam o tome sanjao kao klinac?", dodade nasmejavši se.

„Samo izvoli!"

Pronašao je bocu i otvarač i napunio nam čaše. Pritom me je dotakao i opustio usredsređenost sa kojom je to radio.

„Dobro ti ide. Mogla bih da ti ponudim posao."

„Mogu da radim samo kao ispomoć", odvrati on namignuvši mi.

Krenuo je da se vrati na svoju stolicu kad primeti pano sa fotografijama. Upitno me pogleda.

„Mogu li?"

„Slobodno."

Uzeo je tablu i pažljivo osmotrio slike.

„Feliks se, izgleda, lepo slagao s tvojom ćerkom."

„On joj je kum… Imaš li nešto protiv da popušim cigaretu?"

„Kod svoje si kuće. Ne želiš da pričaš o tome?"

„Ako imaš pitanja…", odgovorih zapalivši cigaretu.

On vrati pano na mesto i priđe mi.

„Šta si radila poslednje tri godine? Hoću da kažem… šta si radila kako bi se izborila s tim… pošto niko ne može ni da zamisli kroz šta si prošla."

Duboko udahnuh i malo sačekah. Odgovorih mu tek kad sam ugasila pikavac:

„Godinu dana nisam izašla iz stana… Živa sam samo zahvaljujući Feliksu, to je njegova zasluga. Toliko me je grdio da sam rešila da otputujem… Živela sam godinu dana u Irskoj, u selu u zabiti, u kući na nekoliko metara od mora…"

„I kako ti je bilo tamo?"

„Vlažno, ali sam se prenula. Znaš, tamo je lepo, prelepo. Predeli su veličanstveni, Irsku vredi posetiti..."

Borila sam se protiv uspomena, nisam dozvoljavala irskim duhovima da me preplave.

„Na kraju sam se vratila kući i otada se dobro držim. Nemam više želju da umrem... Želim da vodim miran život u Parizu, u *Srećnim ljudima*. Eto..."

Nasmeših se jedva primetno.

„Hvala ti što si mi to ispričala. Neću te više pitati o tome."

Pažljivo mi je sklonio pramen kose sa čela osmehnuvši mi se. Pretrnula sam.

„Pomoći ću ti da pospremiš pre nego što te pustim da odeš na spavanje."

Onda je ustao, vratio se s druge strane šanka i bacio na pranje sudova. Pridružila sam mu se: brisala sam tanjire koje mi je dodavao. Slušali smo stalno iznova pesmu *No Surprises* i nismo više razgovarali. Prostor je bio skučen, ramena su nam se neminovno dodirivala, što mi je prijalo. Kad su svi sudovi bili oprani i složeni, Olivje ode da obuče jaknu.

„Odavde se penješ u stan?", upita me.

„Da."

„Dobro se zaključaj."

Otpratila sam ga do vrata. Stajali smo jedno naspram drugog.

„Dijan, neću te požurivati, daću ti dovoljno vremena... Čekaću te, koliko god bude trebalo...", reče, pa se nagnu ka meni i šapnu mi na uvo: „Ne plašim se."

Zatim me poljubi u obraz. To nije bio prijateljski poljubac bez ikakvog značenja. Ne, to su naprosto bile njegove usne na mom obrazu, dokaz da će ispuniti obećanje i da je pun obzira.

„Laku noć."

„Hvala", uspeh da prošapućem.

Izašao je i sačekao da zaključam vrata, pa je tek onda otišao. Popela sam se u stan ošamućena i legla u krevet. Da li sam srela muškarca koji će uneti radost u moj život? Hoću li umeti da se prepustim tome?

4

Naredne dve nedelje Olivje je svraćao u *Srećne ljude* maltene svakodnevno. Ponekad samo da mi kaže *dobar dan*, ali i da popije kafu ili na piće posle posla. Nikad me više nije pozvao da izađemo, niti mi se fizički približio. Puštao me je da se navikavam na njegovo prisustvo i to je davalo rezultate: sve sam grozničavije pretraživala pogledom ulicu, iščekujući njegov dolazak, i rastužila bih se kada bi krenuo kući; uveče, kada bih legla u krevet, i dalje bih mislila na njega. Nisam, ipak, mogla da napravim taj korak, da mu kažem šta osećam. Užasavala me je pomisao na budućnost.

Olivje je proveo pauzu za ručak u *Srećnim ljudima*, i čim je on otišao, Feliks se neočekivano okomio na mene:

„Kakvu to igru igraš?"

„Molim?"

„Počinjem da sažaljevam ovog sirotog momka. Puštaš ga da čeka, a gledaš ga zaljubljeno kao šiparica. Vidim da ceo dan čezneš za njim, a kad stigne, mucaš kao đače... Šta čekaš? Zašto ga ne zaskočiš?"

„Ne znam o čemu govoriš..."

„Je l' to zbog Kolena? Mislio sam da si to prevazišla."

„Ne, nije zbog Kolena. Da ti iskreno kažem, više mislim na Olivjea nego na njega."

„To je dobar znak."

„Da... ali..."

„Ljubaznost i strpljenje imaju granice. Ulij mu malo nade, inače..."

„Pusti me na miru", odgovorih mu, besna što mi je sasuo istinu u lice.

Iste večeri Feliks je izbečio oči na mene kad je Olivje svratio. Ovaj mi priđe stidljivo se osmehujući.

„Jesi li slobodna sutra uveče?"

„Uh... jesam..."

„Pozvao sam nekoliko prijatelja koji me pritiskaju da napravim žurku povodom useljenja. Voleo bih da dođeš. Ako si raspoložen, pridruži nam se i ti, Felikse."

„Doći ćemo", odgovorih, ne dozvolivši Feliksu da me preduhitri.

„A sada ću te pustiti da radiš. Vidimo se onda sutra uveče!"

Pozdravio se s Feliksom. Dok je zatvarao vrata za sobom, pogleda me kroz staklo i ja mu se nasmeših.

„Tja, nije bilo tako strašno!"

„Nemoj sutra da me blamiraš", rekoh Feliksu.

On prsnu u smeh.

* * *

Kad sam pozvonila na vrata Olivjeovog stana, bila sam srećna i potpuno opuštena. Štaviše, jedva sam čekala da ga vidim. Rešila sam da potisnem sumnje i strepnje u drugi plan. Kad nam je Olivje otvorio vrata, Feliks nas je vrlo nespretno ostavio same, cerekajući se kao neka klinka.

„On će se pobrinuti da gostima bude zabavno", rekoh Olivjeu.

„Neka uživa!"

Gledali smo se u oči.

„Hvala ti što si me pozvao, srećna sam što sam ovde s tobom", rekoh i poljubih ga, bez razmišljanja, u obraz.

„Hoćeš li da me predstaviš ostalima?"

Olivje nije morao da me predstavlja, svi njegovi prijatelji su čuli za mene. On mi namignu: nije držao do formalnosti. Njihov doček me je dirnuo, davali su sve od sebe ne bih li se što lakše uklopila. Feliks se vrlo brzo opustio, razgovarao sa svima, pričao viceve. Olivje mi je doneo čašu belog vina i izvinio se što ne može da ostane sa mnom.

„Imam još posla u kuhinji."

Razgledala sam dnevnu sobu: to uopšte nije ličilo na stan večitog mladoženje. Naprotiv, bilo je lepo namešteno. Nije bilo ni previše ni premalo stvari. Prostorija je odisala toplinom: trosed je budio želju da se čovek sklupča na njemu, a zbog biljaka i fotografija s porodicom i prijateljima ceo prostor je bio prijatan i pun života. Sve je bilo umirujuće, isto kao Olivje.

* * *

Smejala sam se, razgovarala sa simpatičnim ljudima svojih godina; imala sam utisak da sam ponovo postala žena poput drugih. Nisam se zalepila za Feliksa kao taksena marka, nisam se osećala ugroženo. Da bih umirila znatiželjnike, nisam morala glasno da kažem: „Da, Olivje mi se sviđa! To je samo pitanje vremena." To je bila grupa bliskih prijatelja, kojima je zaista bilo stalo da svako od njih bude srećan. Niko me nije ispitivao o mom privatnom životu, Olivje je bio diskretan. Ali moje dobro raspoloženje se srušilo kao kula od karata kada iz sobe, za koju sam pretpostavila da je Olivjeova spavaća soba, izađe neka žena sa šestomesečnom bebom u naručju. Sijala je od sreće i materinskog umora. Poželeh da pobegnem odatle vrišteći, koliko me noge nose; sklonila sam se ukraj, nadajući se da me neće videti. Ona me, naravno, primeti iste sekunde i priđe mi sa širokim osmehom na usnama.

„Dijan, je l' tako? Drago mi je što mogu da te upoznam, Olivje nam toliko priča o tebi."

Ona me poljubi i miris hrane za bebe nahrupi mi u nozdrve, vrativši me u vreme posle Klarinog rođenja. Oduvek sam volela bebe i njihov miris – Kolen mi je često govorio: „Ti njuškaš ćerku!" U vreme kad su poginuli, planirali smo još jedno dete kako bismo Klari podarili bracu ili seku...

„Upoznaj zenicu moga oka", nastavi žena pokazujući na bebu. „Upravo sam je hranila kada si... Oh, zaboravila sam cuclu u Olivjeovoj sobi! Mogu li da ti je ostavim na dve sekunde?"

Ne sačekavši moj odgovor, ona mi tutnu ćerku u ruke. Mengele su mi mrvile glavu, krv mi se sledila. Nisam više videla to dete, videla sam sebe sa SVOJOM Klarom u naručju. Osećala sam njenu kožu, ručicu koja mi je stezala prst, nazirala prve uvojke plave kose. Tiho cviljenje u mojoj glavi probijalo se kroz bebino gugutanje. Disanje mi se ubrzalo. Toliko sam se tresla da bih je, da sam je držala samo sekund duže, sigurno ispustila. Uplašila sam se da je moja patnja povređuje.

„Dijan… Dijan…" Podigoh oči zamagljene od suza ka Olivjeu, koji me je tiho dozivao.

„Ja ću je uzeti, važi?"

Klimnuh glavom. Posmatrala sam, oduzeta, Olivjea kako se bavi tom bebom kao da je to radio celog života. Privio ju je na grudi, pričao joj i na kraju je pružio muškarcu za koga sam pretpostavila da je bebin otac. Onda se vratio kod mene i obuhvatio me oko struka.

„Dijan mi je potrebna u kuhinji!", reče gostima.

Pre nego što smo izašli iz dnevne sobe, srela sam Feliksov očajan pogled. Moj prijatelj je bio beo kao kreč. Olivje nas je zatvorio u kuhinjicu, otvorio prozor, izvadio pepeljaru iz plakara i pružio mi moje cigarete, koje je verovatno uzeo usput a da ja to nisam primetila. Zapalih jednu, tresući se i briznuvši u plač. Olivje je poštovao moje ćutanje.

„Izvini", rekoh mu.

„Ne pričaj gluposti, niko nije ništa primetio. Uostalom, čak i da jesu, nemaju šta da ti zamere. Hoćeš da odem po Feliksa?"

„Ne…"

Šmrknuh i on mi pruži maramicu.

„Ja nisam više normalna… Ne mogu… Ne mogu više da vidim decu, bebe… previše je bolno. Zato što me to svaki put podseti da su mi oduzeli moju ćerku, moju Klaru, ljubav mog života… Nikad se neću pomiriti s tim… Nikad to neću moći da zaboravim… Neću moći da krenem dalje…"

Zacenila sam se od plača. Bila sam na rubu nervnog sloma. Olivje mi se primaknu, obrisa mi obraze i stegnu me uza se. Odmah sam se bolje osećala, bila sam na sigurnom, on je bio je nežan i pažljiv. Nije koristio situaciju. Disanje mi je malo-pomalo ponovo postalo pravilno. Imala sam poverenja u njega, ali kad sam ga videla s bebom u naručju, to je potvrdilo ono čega sam se duboko u sebi plašila i zbog čega nisam mogla da se upustim u vezu s njim.

„Ja nisam žena za tebe…"

„Kakve ovo ima veze s tim?", upita me on blago.

Odmaknuh se od njega.

„Ako stvari između nas funkcionišu…"

On me je ponovo nežno privukao k sebi. Nisam se opirala.

„Ja uopšte ne sumnjam da funkcionišu!", reče mi, pomilovavši me po obrazu.

„Nikad neću moći da ti rodim dete. Ne želim da imam još dece… Mama koja sam nekada bila umrla je s Klarom."

„To te zauzdava?"

„Ti ćeš pre ili kasnije poželeti da osnuješ porodicu, videla sam te sa bebom, uživao si kad si je privio na grudi. Prebacivala bih sebi što gubiš vreme sa mnom, pronađi devojku koja želi…"

„Pst!"

On mi prisloni prst na usne i pogleda me u oči.

„Tačno je da volim decu, ali prvenstveno tuđu. Nije mi životni cilj da imam decu. Ubeđen sam da par može da bude dovoljan sam sebi. To je sve što očekujem od naše veze, ne želim ništa više od toga, kunem ti se. A što se tiče dece, imamo dovoljno vremena da razmislimo o tome... Mogli bismo da se upustimo u pustolovinu i deo puta pređemo zajedno", zaključi s osmehom.

Život je mogao da mi bude prijatniji pored takvog partnera. Imao je snažne, zaštitničke ruke, pogled njegovih svetlosmeđih očiju bio je blag i nasmejan, lice mu je bilo izražajno. Trebalo je da napravim samo jedan korak. Nežno sam primakla lice njegovom i spustila usne na njegove. On me jače stegnu, ja malo otvorih usta i naš poljubac postade strastveniji. Obisnula sam mu se oko vrata. Olivje onda prisloni čelo na moje i pomilova me po obrazu, a ja zažmurih i nasmeših se.

„Ne znam šta bih dao da svi ljudi u sobi pored nestanu", reče mi sasvim tiho.

„I ja!"

„Ako ti ovo previše teško pada, otpratiću te kući."

„Ne, želim da ostanem."

„Znaj da se neću odvajati od tebe ni na tren."

Razmenili smo još jedan dug, vatren poljubac. Morali smo, međutim, da se zauzdavamo. Ostavši bez daha, odmakli smo se nekoliko centimetara jedno od drugog.

„Da se vratimo tamo?", upita me Olivje sa obešenjačkim osmehom na usnama.

„Nemamo previše izbora."

Uzeli smo tanjire za večeru s radne ploče – morali smo da zavaramo ostale. Pre nego što je otvorio vrata, Olivje me poljubi još jednom. Uzalud sam izbegavala Feliksov upitni pogled: video je da sam plakala, ali da postoji još nešto. Kad je shvatio šta, on razrogači oči i bezobrazno mi namignu. Ostatak večeri provela sam pored Olivjea. Ubrzo sam se opustila, pošto je beba zaspala i nijednom je nismo čuli da se oglasila. Uspevali smo da se dotaknemo svaki put kada bismo osetili da je oslabila znatiželja koju smo izazivali. Rasejano sam slušala razgovor i razmišljala samo o onome šta se upravo desilo, čekajući kao na iglama da ostanem sama sa Olivjeom.

Feliks je uspeo da me satera uza zid.

„Spavaš li noćas kod kuće?"

„Ne znam, ali nemoj da me čekaš."

„Aleluja!"

Svi su otišli. Osim mene. Čim smo ostali sami, pređoh dva metra koja su me delila od njega i ponovo pronađoh njegove usne, priljubivši se uz njega. Moje ruke su konačno mogle da ga otkriju, dok su njegove već šetale po mom struku, po mojim leđima.

„Mogu li da ostanem i prespavam ovde?", prošaputah tiho, odvojivši samo malo usne od njegovih.

„Kako možeš to da me pitaš?", odvrati on.

Ne udaljavajući se od njega, krenuh ka njegovoj sobi i krevetu... Dok sam vodila ljubav s njim, nije me pokretala sirova požuda; bila sam žedna nežnosti, milovanja, osećajnosti. Olivje je bio pažljiv pri svakom dodiru, pri svakom poljupcu. Brinuo je o meni; nije bio zaokupljen svojim zadovoljstvom, samo je želeo da ja uživam. Znala sam da sam upoznala muškarca kakav mi je potreban. Dok sam malo kasnije tonula u san u njegovom naručju, pomislih kako nisam više Kolenova žena: bila sam samo Dijan.

Narednog meseca sam ponovo otkrila šta znači biti s nekim u vezi. Viđali smo se svakoga dana osim nedeljom: nije dolazilo u obzir da se odreknem branča sa Feliksom. Redovno sam spavala kod Olivjea, dok je on vrlo retko ostajao da prespava kod mene. Još sam osećala izvesnu nelagodu dok sam skidala veo sa svog tajnog vrta. Nije mi zamerao zbog toga; i dalje me je puštao da mu priđem onda kada sam spremna.

Stiglo je leto; saopštila sam Olivjeu da neću zatvarati kafe. Ako je i bio razočaran zato što nećemo otići zajedno na odmor, nije to pokazao.

„Mogli bismo da odemo na produženi vikend", predložih mu dok smo te večeri, početkom jula, pili piće na terasi.

„To mi je palo na pamet, ali sam pomislio da ne želiš da otputuješ nikud sa mnom", rekao je sa iskrivljenim osmehom.

„Blesane!"

On se nasmeja, pa nastavi:

„Ozbiljno, znam da ne želiš da se udaljavaš od *Srećnih ljudi*."

„U pravu si, to me plaši, ali sada si ti tu, a i nećemo dugo biti odsutni. Nadam se da Feliks može da..."

Olivje je te večeri spavao kod mene.

Produženi vikend za 14. jul bio je kao poručen. Moraću da se odvojim od *Srećnih ljudi* na četiri dana i kasnije podnesem Feliksu podroban izveštaj. Olivje je sve organizovao: odabrao je odredište, kupio vozne karte, rezervisao hotel. Smatrao je, međutim, da nisam uzela dovoljno slobodnih dana. Dva dana pre našeg polaska, ubedio me je, u dosluhu s Feliksom, da uzmem još jedno slobodno popodne. „Probe radi", pravdali su se. Na moju veliku radost, odlično su se slagali; Olivje se smejao svim Feliksovim ludorijama i nije bio ljubomoran i kritički nastrojen zato što smo nas dvoje nerazdvojni prijatelji. Feliks je pak u Olivjeu video Kolenovog naslednika i cenio ga je zbog smisla za humor, a naročito zbog činjenice da nikad ne postavlja neumesna pitanja u vezi s porodicom koju sam izgubila.

Olivje me je tog famoznog „probnog popodneva" odveo u prodavnice u koje godinama nisam kročila; iskoristih rasprodaje i obnovih letnju garderobu. Vodio me je pariskim ulicama držeći me za ruku i ja sam išla za njim ne obraćajući pažnju na put kojim idemo. Iznenada se zaustavio ispred jednog spa-centra. Upitno ga pogledah.

„Ovo je poklon!"

„Šta?"

„Neko će se naredna dva sata brinuti o tebi. Opuštanje počinje već danas."

„Nije trebalo…"

„Pst! To mi pričinjava zadovoljstvo. Onda ćeš se vratiti kući i spremiti, a ja ću doći po tebe u sedam. Video sam da se održava izložba koja će ti se verovatno dopasti. Posle ćemo večerati u restoranu."

Obisnula sam mu se oko vrata. Niko se, posle Kolena, nije toliko trudio da brine o meni.

Bila sam opuštena, koža mi je bila kao u bebe, obukla sam lepu crnu haljinu i obula espadrile s platformom koje sam kupila tog popodneva. Pre nego što sam sišla u *Srećne ljude* da sačekam Olivjea, pogledah se u ogledalo; bila sam srećna što sam se doterala za njega i što se osećam lepom. Nisam bila razočarana kada sam, pola sata kasnije, videla pogled koji mi je uputio.

U metrou sam se držala za njega, gledala ga i ljubila u vrat, kao zaljubljena šiparica. Okrenula sam stranu. Ništa nije moglo da razbije čaroliju u koju sam zaronila kad je Olivje ušao u moj život. Počinjala sam da priznajem samoj sebi da sam zaljubljena u njega. Ispunjavao me je prijatan osećaj.

Izašli smo iz metroa na Monparnasu. Išla sam za Olivjeom ništa ga ne pitajući. Bila sam uzbuđena kao neka klinka zbog izložbe. Nije hteo da mi otkrije pojedinosti do samog kraja. Kad smo stigli, natera me da se okrenem leđima prema ulazu ne bi li još malo odložio trenutak kada ću saznati gde smo došli. Čula sam muziku iza sebe. Keltsku muziku u bretonskoj četvrti. Ima li ičeg prirodnijeg?

„Saznao sam za izložbu dok sam prečešljavao *Pariskop*. Ne traje dugo, trebalo je da iskoristimo priliku", reče mi samozadovoljno Olivje.

„A o čemu je?"

„Uđi pa ćeš videti."

Otvorih vrata. To je bila izložba o odnosu britanske, škotske i irske kulture prema moru. Atmosfera je bila kao u pabu; nisu služili šampanjac i kanapee, nego ginis, viski i čips sa sirćetom. Moje uzbuđenje splasnu, ustupivši mesto velikoj nelagodi.

„Rekla si mi da ti je prijao boravak u Irskoj, pa sam pomislio da će ti se dopasti."

„Da", uspeh da izustim.

Olivje me uhvati oko struka kako bi me poveo u obilazak galerije. Bilo je mnogo sveta, teško smo se probijali između posetilaca. Nisam se usuđivala da pogledam nijedno platno, nijednu fotografiju, iz straha da ne prepoznam neki predeo, da sećanja ne postanu opipljiva, da osećanja ne izrone na površinu. Odgovarala sam jednosložnim rečima na Olivjeova pitanja. Odbila sam njegov predlog da popijemo ginis.

„Imam utisak da je ovo bila loša ideja", reče mi on na kraju.

Uhvatila sam ga za ruku i snažno stegnula.

„Ja sam kriva, rekla sam ti da su mi se ta zemlja i život na obali mora dopali… to je tačno… ali nemam samo lepe uspomene; dok sam bila tamo, nisam se baš najbolje osećala."

„U tom slučaju, idemo odavde. Poslednje što sam želeo jeste da te vidim kako patiš. Izvini."

„Ne ljutim se na tebe, ali bih više volela da odem odavde. Izvini. Nastavimo naš večernji izlazak daleko od svega ovoga."

Zaputili smo se ka izlazu. Ostala sam priljubljena uz njega i gledala u svoja stopala. Bili smo maltene već napolju kad iz muzike i žamora izroni jedan glas. Glas zbog koga sam se skamenila. Glas koji me je vratio u Malreni. Glas zbog koga sam na usnama osećala ukus sitne kiše. Promukli glas pušača za koji sam mislila da ga nikad više neću čuti.

„Sačekaj", rekoh Olivjeu, pustivši ga.

Ostavih ga tu i vratih se nazad, vođena, hipnotisana odjekom tog glasa koji je odzvanjao poput pesme sirena. To je bilo nemoguće. Umislila sam, pomeo me je talas uspomena koje su pokuljale. Morala sam, međutim, da budem sigurna. Vrebala sam siluete, lica, osluškivala razgovore, gurala ljude koji su ometali moju potragu. A onda stadoh kao ukopana. To jeste bio njegov glas. Samo me je nekoliko centimetara delilo od njega. Bio je tu: okrenut leđima, visok, samo u košulji, s cigaretom koja je čekala da bude upaljena. Kada bih udahnula vazduh, njegov miris bi mi nahrupio u nozdrve i vratio me u njegovo naručje. Drhtala sam, usta su mi bila suva, a dlanovi vlažni; bilo mi je čas hladno, čas vruće.

„Edvarde…", promrmljah i protiv svoje volje.

Imala sam utisak da su me svi čuli. Ali jedino mi je bilo važno da me on čuje. Telo mu se zgrči, nakratko obori glavu, stegnu pesnice i nervozno kresnu upaljač nekoliko puta zaredom. Onda se okrenuo. Pogledi nam se sretoše. U mom je video iznenađenje i moja pitanja. Odmerio me je od glave do pete hladnim, uzdržanim pogledom. Crte njegovog lica, dobrim delom zaklonjene bradom, i dalje su bile oštre, nadmene. Njegova kosa, raščupana isto kao nekad, sada je bila prošarana sedim vlasima. Izgledao je umorno, a nešto što nisam uspevala da dokučim ostavilo je trag na njegovom licu.

„Dijan", reče najzad.

„Šta ćeš ti ovde?", upitah ga drhtavim glasom, progovorišvi spontano na engleskom.

„Izlažem fotografije."

„Koliko si dugo u Parizu?"

„Tri dana."

Njegov odgovor je delovao na mene kao udarac pesnicom u srce.

„Da li si nameravao da me…"

„Ne."

„Ah…"

Sijaset pitanja mi se motalo po glavi, ali nisam uspevala da izustim nijedno. Paralisala sam se zbog njegovog neprijateljskog i hladnog držanja. On onda pogleda u neku tačku iza mene i ja osetih nečiju ruku na leđima. „Tražio sam te", reče mi Olivje.

Kako sam mogla da zaboravim na njega? Prisilih se da se nasmešim i okrenuh se prema njemu.

„Izvini… ja… primetila sam Edvarda dok smo izlazili i…"

On mu pruži ruku.

„Drago mi je, ja sam Olivje."

Edvard mu stegnu ruku, ali ništa ne reče.

„Edvard ne govori francuski."

„Oh, izvinite! Nisam očekivao da ćeš ovde sresti nekog poznatog!", reče Olivje na besprekornom engleskom, smešeći se.

„Edvard je fotograf i…"

„Bio sam Dijanin komšija dok je živela u Malreniju."

Ja njega ne bih tako definisala. Bio mi je mnogo više od suseda. Otkucaji srca su mi slali protivrečne poruke o tome šta on i dalje predstavlja za mene.

„Neverovatno! I sreli ste se ovde potpuno slučajno. Da sam znao… Hoćeš li ipak da ostaneš, Dijan? Treba da nadoknadite propušteno vreme, sigurno imate o čemu da pričate…"

„Ne", umeša se Edvard. „Imam posla. Drago mi je što sam te upoznao, Olivje."

A onda, pogledavši u mene, dodade:

„Čuvaj se."

Obuze me panika kad videh da se sprema da se udalji.

„Sačekaj!"

Uhvatih ga za podlakticu. On spusti pogled na moju ruku i ja je brzo povukoh.

„Dokad si ovde?"

„Avion mi poleće sutra uveče."

„Ah… tako brzo… Hoćeš li naći malo vremena za mene?"

On pređe rukom preko lica.

„Ne znam."

„Dođi u *Srećne ljude*, molim te…"

„Ne znam kakva bi bila korist od toga", promrmlja on sebi u bradu.

„Treba da razgovaramo."

Stegnuo je ugašenu cigaretu u uglu usana i pogledao me u oči.

„Ne obećavam."

Počeh da kopam po tašni u potrazi za posetnicom *Srećnih ljudi*.

„Na poleđini su adresa i mapa. Pozovi me ako ne uspeš da pronađeš kafe."

„Pronaći ću ga."

Još jednom me je pogledao, klimnuo glavom Olivjeu, okrenuo se i otišao.

„Idemo li?", upita me Olivje. „Ostajemo pri planu da odemo na večeru?"

„Da, naravno. Ovo ništa ne menja."

Okrenuh se pre nego što smo izašli. Edvard je razgovarao s ljudima i istovremeno zurio u mene.

Pola sata kasnije Olivje i ja smo sedeli za stolom u indijskom restoranu. Svaki zalogaj je za mene bio mučenje, no prisiljavala sam se da jedem zbog Olivjea, koji je i dalje bio pažljiv i fin, uprkos onome što sam mu upravo uradila. Nije to zaslužio. Nisam više mogla da ga držim u neznanju. Moraću, međutim, da odmeravam reči.

„Izvini zbog onog maločas", rekoh. „Nije trebalo onako da te ostavim, ali… tako je neobično što sam prepoznala nekoga… Upropastila sam tvoje iznenađenje."

„Ni najmanje. Potresena si, ne volim da te vidim takvu."

„Proći će, ne brini. Ponovno zaranjanje u irsku atmosferu podsetilo me je na taj period života koji nije bio tako lak."

„A Edvard? Ko je on?"

Njegov ton nije odavao nikakvu sumnju.

„Bio mi je komšija, kao što ti je i sam rekao. Iznajmila sam brvnaru pored njegove, a stanodavci su mi bili njegovi tetka i teča Ebi i Džek. Divni ljudi... Sprijateljila sam se s njegovom sestrom Džudit, koja je heteroseksualna verzija Feliksa."

„Mora da je izuzetna osoba!"

„Neverovatna je..."

„I dalje ste u vezi?"

„Otišla sam iz Irske naprečac, bez pozdrava, i nikada im se nisam javila. Sada me je sramota što sam postupila tako sebično."

„Nema razloga da te bude sramota", reče on uhvativši me za ruku. „Mogli su oni tebi da se jave."

„Oni nisu ljudi koji se mešaju u tuđe živote, uvek su poštovali moje ćutanje. Tako je bilo i kad sam otišla."

„Zato si tražila da se sutra vidite?"

„Da..."

„Nije baš pričljiv, misliš da ćeš izvući nešto iz njega?"

Kako da se čovek ne nasmeje na ovo njegovo zapažanje?

„Razgovor će biti jezgrovit, saznaću samo najosnovnije, ali bolje išta nego ništa."

Uzdahnuh i zagledah se u svoj prazan tanjir.

„Možda večeras želiš da spavaš sama?"

On potraži moj pogled.

„Ne, idemo kod tebe."

Kad smo legli, Olivje nije pokušao da vodi ljubav sa mnom; samo me je poljubio i uzeo u naručje. Prilično je brzo zaspao, dok ja cele noći nisam ni trenula.

Ponovo sam proživljavala svaki detalj tog neočekivanog ponovnog susreta. Pre samo nekoliko sati Irska je bila završeno poglavlje u knjizi mog života. Trebalo je tako i da ostane. Ukoliko bude došao narednog dana, raspitaću se o svima, on će otići i moj život će nastaviti svojim tokom.

Iako sam se trudila da ustanem neprimetno, probudila sam Olivjea.
„Jesi li bolje?", upita me on pospanim glasom.
„Da. Spavaj. Iskoristi godišnji odmor."
Poljubih ga.
„Svratiću predveče."
Još jednom ga poljubih, pa krenuh.

Četrdeset pet minuta kasnije otvarala sam *Srećne ljude*, a da prethodno nisam pojela svoj uobičajeni kroasan. Želudac mi je bio vezan u čvor. Prepodnevni gosti su sigurno osećali da sam neraspoložena: pustili su me da sedim zamišljena u svom uglu. Kad sam oko podneva ugledala Feliksa na pragu, znala sam da neće moći tako da ostane. Nisam imala izbora. Ako Edvard dođe, Feliks će gledati predstavu iz prvog reda. A ne treba zaboraviti da su se prilikom poslednjeg susreta njih dvojica potukli!
„Danas si loše volje! Šta se desilo? Olivje je zakazao u krevetu?"
Napad je bio žestok. Takav će biti i moj odgovor:
„Edvard je u Parizu, sinoć sam naletela na njega."

On se strovali na prvu stolicu na koju je naišao.

„Verovatno sam još pod dejstvom ekstazija!"

Nasmejah se i protiv svoje volje.

„Ne, Felikse. Govorim ti suštu istinu. Možda navrati danas."

On je po mom izrazu lica shvatio da se ne šalim. Ustao je, obišao oko šanka i zagrlio me.

„Kako si?"

„Ne znam."

„A Olivje?"

„Nisam mu rekla šta se desilo između nas."

„Došao je zbog tebe?"

„Pa baš i nije, s obzirom na to kako se ponašao prema meni… Izlaže fotografije, večeras se vraća kući."

„Ma dobro, moglo je da bude i nešto gore. Ja ću danas ceo dan da šljakam. Ako ništa drugo, ono samo zato da parim oči!"

Prsnuh u smeh.

To mi je bio najduži radni dan. Sve vreme sam bila kao na iglama. Feliks me je krišom posmatrao i glupirao se ne bih li se opustila. Kako su sati prolazili, bila sam uverenija da neće doći. Iskreno govoreći, utoliko bolje. Bilo je opasno ponovo pokrenuti sve te uspomene.

Upravo sam vraćala kusur gostu kad se pojavio s putnom torbom preko ramena. Kafić se najednom smanji; Edvard je zauzeo sav prostor. Stegnuo je ruku Feliksu, koji je bio dovoljno pristojan da se uzdrži od neumesnih šala, pa se nalaktio na bar i pažljivo osmotrio moj mali svet. To je potrajalo nekoliko dugih minuta. Njegove plavozelene oči skenirale su knjige, čaše, fotografije na šanku. Na kraju me je okovao pogledom ništa ne govoreći. Toliko toga je izlazilo na površinu: naše svađe, malobrojni poljupci, moja odluka, njegova izjava, naš rastanak. Verovatno je Feliksu napetost postala nepodnošljiva, pošto je prvi progovorio.

„Jesi li za malo pivo, Edvarde?"
„Nemaš nešto jače?", odvrati mu ovaj.
„Viski, deset godina star. Odgovara ti?"
„Bez ičega."
„A ti, Dijan? Kafa?"
„Može, hvala ti, Felikse. Pobrinućeš se za goste ako ih bude?"
„Za to sam plaćen!", odgovori on, namignuvši mi ne bi li me ohrabrio.

Edvard zahvali Feliksu i otpi gutljaj viskija. Znala sam da je kadar da ne prozbori ni reč čitav sat ako ne zapodenem razgovor. Na kraju krajeva, ja sam ga pozvala da dođe.

„Znači, izlažeš u Parizu?"
„Ukazala mi se prilika."
On protrlja podočnjake. Otkuda taj umor koji je izbijao iz njega?
„Kako si?"
„Mnogo radim. A ti?"
„Dobro sam."
„Baš lepo."
Šta još da mu kažem o sebi? I kako da mu razvežem jezik?

„A Džudit? Šta ima novo kod nje?"

„Nema ništa."

„Je l' pronašla nekoga?"

Morao bi da reaguje na takvo pitanje.

„Nekoliko njih", uzdahnu on.

Izabrala sam loše pitanje.

„A Ebi i Džek? Jesu li dobro?"

Bila sam sigurna da s tim pitanjem ne mogu da pogrešim, ali on skrenu pogled. Počešao se po bradi, uzvrpoljio i izvadio kutiju cigareta iz džepa.

„Šta se dešava, Edvarde?"

„Džek je dobro…"

„A Ebi?"

„Vratiću se."

On izađe i zapali cigaretu. Ja takođe uzeh jednu i pridružih mu se.

„Ni ti nisi prestala da pušiš", primeti on nacerivši se.

„Nemam nijedan razlog za to… Ali nismo razgovarali o pušenju."

Stadoh odlučno ispred njega.

„Edvarde! Pogledaj me!"

On me posluša. Shvatila sam da ono što ću čuti neće biti prijatno.

„Ebi je dobro, jelda?"

Nisam mogla da zamislim da nije, ponovo sam je videla na biciklu na dan kad smo se srele, živahnu, uprkos godinama.

„Bolesna je."

„Ali… ozdraviće?"

„Neće."

Prekrih rukom usta. Ebi je bila stub te porodice, bila je majčinska figura, tako blagonaklona, tako velikodušna. Sećam se kako je mislila da sam premršava, pa mi je maltene silom gurala kriške kolača sa šargarepom u usta. Još sam se sećala kako me je zagrlila kad sam joj rekla da odlazim i šta mi je rekla: „Javljaj se." Tada to nisam uviđala, ali Ebi je presudno uticala na moje izlečenje, a ja sam zaboravila na nju.

Dok sam pokušavala da dođem k sebi, ugledah Olivjea pored nas. Edvard je primetio da mi nešto odvlači pažnju i okrenuo se. Rukovali su se i Olivje mi spusti diskretan poljubac na usne.

„Jesi li dobro?", upita me.

„Nisam baš najbolje. Edvard mi je upravo saopštio vrlo lošu vest: Ebi je teško bolesna."

„Žao mi je", reče on Edvardu. „Onda ću vas ostaviti, bolje da razgovarate u četiri oka."

Pomilovao me je po obrazu i pridružio se Feliksu u *Srećnim ljudima*. Ispratila sam ga pogledom, a onda se okrenula prema Edvardu, koji me je odmeravao. Želudac mi se vezao u čvor. Pogledah u nebo uzdahnuvši, pa mu se tek onda ponovo obratih:

„Reci mi nešto više o tome, molim te..."

On zavrte glavom i nastavi da ćuti.

„To nije moguće... Ne mogu da verujem u to što si mi upravo..."

„Biće joj drago kad čuje da si dobro. Sve vreme se sekirala zbog tebe."

„Volela bih nešto da učinim... Da je pozovem?"

On me mrko pogleda.

„Reći ću joj da sam te video, to će biti dovoljno."
Onda baci pogled na sat.
„Moram da idem."
Ostavio je otvorena vrata kad je ušao da uzme torbu i pozdravi se sa Feliksom i Olivjeom. Kad se vratio kod mene, rekoh mu:
„Moram nešto da te pitam pre nego što odeš."
„Samo izvoli."
„Nema nikakve veze sa Ebi, ali moram da znam. Dvaput sam pokušala da te dobijem telefonom pre nekoliko meseci, čak sam ostavila i poruku. Jesi li je dobio?"
On zapali još jednu cigaretu i pogleda me u oči.
„Jesam."
„A što nisi…"
„Dijan, u mom životu odavno više nema mesta za tebe…"
Ostavio mi je manje od pet sekundi da se oporavim od tog udarca.
„Olivje mi deluje kao čestit čovek. Dobro si učinila što si počela da gradiš novi život."
„Ne znam šta da ti kažem…"
„Nemoj onda ništa da mi kažeš."
Zakoračih ka njemu, ali se u poslednjem trenutku predomislih.
„Doviđenja, Dijan."
Nisam stigla da mu odgovorim: već je krenuo da se udaljava. Nisam odvajala pogled od njega sve dok nije nestao u dnu ulice. Borila sam se sa suzama. Idilična slika koju sam pamtila krenu da se cepa. Kad sam razmišljala o Malreniju, sve je bilo isto: Ebi je bila vesela, Džek čvrst kao stena, Edvard sam, sa svojim psom i

fotografijama. Kako sam mogla da pomislim da će život stati kad ja odem? Zar sam toliko egocentrična? Ali taj život u kome je Ebi neizlečivo bolesna bio je neprihvatljiv. Plakalo mi se zbog nje, zbog njene patnje i kopnjenja, zbog Edvarda koji stvarno nije više bio isti, plakalo mi se zato što sam shvatila da moja Irska više ne postoji. Kao da sam se sve do tada nesvesno nadala ponovnom susretu, lepim vestima...

To je bilo gotovo. Sada sam imala Olivjea, a Edvard je bio s nekom ženom. Oboje smo okrenuli stranicu. Ali Ebi... Kako da ne mislim na nju?

5

Naš romantični odmor pao je u pravi čas. Olivje nije bio ni svestan da je dobro uradio kad je odlučio da me povede u oblast malih zatona kod Marselja; sunce, vrućina, melodičan naglasak, hladan roze i kupaći kostim vratiće stvari na njihovo mesto.

Ta četiri dana bila su predivan predah tokom koga sam mogla još više da se vežem za njega. Ispunjavao mi je sve želje i pre nego što bih ih izgovorila, svaki njegov postupak odisao je pažnjom, a svaka njegova reč nežnošću. Hteo je da se odmaram, pa se nismo upustili u grozničav obilazak tog kraja. Zahvaljujući dugom popodnevnom izležavanju, kupanju i večerama u restoranu, ponovo sam otkrila smisao reči „odmor". Dugo smo zajedno lenčarili i bilo nam je lepo. Gotovo sam zaboravila na *Srećne ljude*.

Već se bližilo vreme povratka, koji je bio predviđen za naredni dan. Ručali smo na terasi kad su mi misli odlutale i kad sam se zapitala kako se Feliks snalazi.

„O čemu razmišljaš, Dijan?"
„O Feliksu", odgovorih nasmejavši se.
„Brineš se?"
„Pomalo."
„Pozovi ga."
„Ne, mogu da sačekam još dvadeset četiri sata."
„Već si zaslužila čestitke žirija zato što si tek sada pomislila na kafe! Stvarno sam očekivao da se to ranije desi. Ne treba da ti bude neprijatno zbog mene."
„Hvala! Pozvaću ga s plaže, to će ga razbesneti!"
Olivje prsnu u smeh.
„Nisam znao da si sadista."
„On to voli, šta da radim… Naručiću još jednu čašu!"

Sat kasnije čvarila sam se na suncu dok se Olivje kupao. Kao i prethodna dva dana, pronašao je stene nepristupačne za decu, pa mi nije pretila opasnost od napada panike. Dopadao mi se osećaj da mi se koža zagreva, a naročito mi se dopadala preplanulost zbog koje sam izgledala osveženo; to mi se nije desilo otkako sam poslednji put bila na letovanju s porodicom. Naročito me je radovalo potpuno odsustvo osećaja krivice, koji je zamenila radost!

Srećni ljudi ne rintaju u julu. Slušam te!"
Odavno nisam čula ceo naziv kafea *Srećni ljudi*…
„Da me samo vidiš, Felikse! Pocrnela sam, pijana sam od svežeg vazduha i spremam se da uđem u vodu i plivam sa svojim dragim."
„Ko je ova neznanka koja razgovara sa mnom?"
„Tvoja gazdarica, jedna jedina!"

„Ludo se, znači, provodiš?"

„Da. A ti? Da li *Srećni ljudi* i dalje postoje?"

„Nije bilo požara, poplava i pljački, može se, dakle, reći da se snalazim."

„Vreme je da se vratim. Izvršiću inspekciju već sutra uveče."

„Uživaj što više. Lepo je čuti te tako veselu."

„I nameravam da uživam."

„Bojao sam se da ćeš se ponovo zatvoriti u sebe posle dolaska onog tipa, a pogotovo posle vesti o Ebi."

„Sve je u redu. A sad moram da idem, Olivje mi maše."

Prekinuh vezu i ubacih telefon na dno torbe. Prisilila sam se da se ne naljutim na Feliksa zbog ove poslednje napomene. Dala sam sve od sebe da zaboravim na Ebi i uživam u Olivjeovom društvu. Trebalo je da nastavim tako. Duboko udahnuh, skinuh naočare za sunce i odoh u vodu. Otplivala sam do njega i uhvatila se za njegova ramena; on mi se nasmešio i poljubio mi ruku kojom sam ga zagrlila.

„Je l' sve u redu?", upita me.

„Nećemo da pričamo o Parizu."

Poslednja noć u hotelu; upravo smo vodili ljubav, nežno, kao i uvek, i obuzeo me je strah. Strah da ću nešto izgubiti posle tog kratkog godišnjeg odmora, strah da ću izgubiti mir. Olivje, meni iza leđa, privuče me k sebi. Rasejano ga pomilovah po ruci i pogledah kroz otvoreni prozor.

„Dijan, odsutna si poslednjih nekoliko sati…"

„Varaš se."

„Nešto se desilo u *Srećnim ljudima*? Sa Feliksom?"
„Ne, baš ništa."
„Reci mi šta te muči."
Neka prestane! Neka ućuti! Zašto je tako brižan, tako pronicljiv? Nisam želela da on razbije mehur u kome smo se nalazili.
„Ništa, veruj mi."
Uzdahnuo je i poljubio me u vrat.
„Mnogo loše lažeš. Sekiraš se zbog one žene koja ti je iznajmila brvnaru u Irskoj?"
„Sve me bolje poznaješ... To je tačno, razmišljam o njoj, ne mogu da verujem da je bolesna. Sada uviđam šta je sve učinila da mi pomogne... I pomisao da može... Ne, to nije moguće. Htela bih nešto da učinim, ali šta?"
„Pozovi je, to bi bio dobar početak."
„Ne znam imam li snage za to."
„To će zahtevati hrabrost, ali ti si mnogo jača nego što misliš. Kad sam te upoznao, osetio sam tvoju krhkost, ali ti si izuzetno sposobna žena. Možeš ti to."
„Razmisliću o tome."
Okrenula sam se ka njemu i poljubila ga. Imala sam potrebu da osetim njegovo prisustvo kraj sebe, da se uhvatim za njega, nisam želela da razmišljam o mogućim posledicama tog telefonskog poziva.

Trebalo mi je više od mesec dana da se rešim na to; vrebala sam zgodnu priliku. Nikad nisam bila sama. Feliks mi je u *Srećnim ljudima* sve vreme dahtao za vrat; ostalo vreme sam provodila sa Olivjeom i bilo mi je nezamislivo da razgovaram s Ebi dok je on pored mene. Ruku na srce, odlagala sam taj trenutak, jer sam se plašila onoga što bih mogla da saznam. Kad je Feliks krajem avgusta uzeo slobodne dane, skupila sam hrabrost.

„Halo?"

Premda je Ebin glas zvučao umorno, prepoznala sam ga i nisam mogla da izustim ni reč.

„Halo!… Ko je to?"

„Ebi… Ja sam…"

„Dijan? Ma je l' moguće da si to ti?"

„Da. Izvini što nisam…"

„Ćuti, mala moja. Tako sam srećna što te čujem. Kad nam je Edvard rekao da te je video…"

„Ispričao vam je?"

„Kako da ne! Rekao nam je da si dobro i da si s nekim muškarcem! To je divno!"

Bar smo to razjasnili.

„Hvala… A kako si ti?"

„U odličnoj sam formi!"

„Ebi", promrmljah. „Edvard nije zalazio u pojedinosti, ali mi je rekao…"

„E pa zaslužio je grdnju, nije trebalo da te sekira…"

Imala sam utisak da smo se rastale dan ranije.

„Dobro je uradio. Šta ti je?"

„Ma znaš već, srce umorne starice…"

„Ti nisi starica!"

„Slatka si, Dijan. Ne brini, takav je život. Lepo je što smo se čule, mnogo mi nedostaješ…"

„I ti meni, Ebi."

„Oh, kada bih poslušala svoje srce, nešto bih te zamolila."

„Slobodno reci!"

„Dođi da nas posetiš."

Povratak u Irsku, u Malreni... nikad ne bih pomislila da će to tražiti od mene.

„Oh... Pa ne znam..."

„Toliko bih volela da vas još jednom okupim sve oko sebe. Osim toga, Džudit će se silno obradovati. Ti si joj jedina prava prijateljica."

Ebi je umela da igra na kartu sentimentalnosti onda kada joj je odgovaralo... Trebalo je da se setim toga! Zvono zazveča: Olivje je došao da mi pomogne da zatvorim kafe.

„Ništa ne obećavam, videću šta mogu da učinim."

„Nemoj previše da odugovlačiš, mala moja."

„Ne govori tako."

Sretoh Olivjeov pogled. Shvatio je s kim razgovaram i nežno mi se nasmešio.

„Zvaću... zvaću te uskoro."

„Hvala ti, Dijan, što si me pozvala. Čujemo se uskoro. Ljubim te."

„I ja tebe, Ebi, i ja tebe."

Spustih telefon na šank i zavukoh se u Olivjeovo naručje. Trebalo mi je manje od jednog minuta da briznem u plač. Želela sam da sam već tamo, s njom, u njenoj dnevnoj sobi, pored kamina, da joj uporno govorim da će ozdraviti. Kako sam mogla da odem navrat-nanos u Irsku? A *Srećni ljudi*? Olivje? Feliks?

„Zar je bilo tako teško?"

„Govori kao da je već kraj."

„Žao mi je, Dijan..."

„Srce mi se cepa što ću morati da odbijem uslugu koju je tražila od mene."

„Kakvu uslugu?"
„Hajde da zatvorimo, pa ću ti reći."
„Kako hoćeš."
Morala sam dobro da razmislim pre nego što mu kažem o čemu se radi. Zatvorismo kafe za tren oka. Olivje ode da nam kupi falafel za večeru. Dok smo jeli, uspela sam da ga upoznam sa Ebinim zahtevom, koji mi nije izlazio iz glave.

„Bojiš se da će ti biti previše teško?"
„Ne, ne mislim na sebe, Ebi treba žaliti, a ne mene."
„Zašto onda ne želiš da odeš tamo?"
Srećni ljudi…"
„Feliks se dobro snašao kad si prošli put otputovala."
Nisam htela da poverujem u to.
„A ti? Ne želim da te ostavim… Da li bi pošao sa mnom?"
„Ne, Dijan. Iz više razloga. Ne mogu ponovo da uzmem slobodne dane, a čak i da mogu, to su tvoji prijatelji, treba da uživaš u njihovom društvu, a ja bih te u tome kočio. Meni tamo nije mesto. Osim toga, ako će te to umiriti, pomagaću Feliksu."

Duboko udahnuh, toliko prestrašena zbog onoga što se dešava. On mi obuhvati lice rukama i pogleda me u oči.

„Od tebe tražim samo da budeš sigurna u sebe. Želiš li da se vratiš u Irsku? Osećaš li potrebu da odeš tamo?"
„Da", priznadoh.

Prvi put sam iskoristila bežični internet u *Srećnim ljudima*: rezervisala sam avionsku kartu i iznajmila auto dok sam bila na poslu. Ebi nije htela ni da čuje da odsednem u hotelskoj sobi: boraviću kod nje. Feliksu sam poslala poruku da ću biti odsutna, ne otkrivši mu kuda putujem. Moj najbolji prijatelj bi reagovao drugačije od Olivjea, koji je poštovao moju odluku. A ja nisam imala vremena za gubljenje. Trebalo je da poletim za Dablin tri dana posle njegovog povratka sa godišnjeg odmora.

Tog jutra kad se vratio na posao bila sam napeta kao struna. Pustiću ga da mi priča o odmoru, pa ću tek onda da mu saopštim šokantnu vest. Ali on me preduhitri.

„Zar je to tako velika ljubav da hoćete ponovo da otputujete kako biste nekoliko dana proveli zatvoreni u hotelskoj sobi? Pričaćeš mi kako je bilo?"

„U stvari... ne putujem s Olivjeom."

„Stvarno? Pa kuda onda ideš?"

„Da posetim Ebi."

„Molim? Šališ se?"

„Ne."

„Jesi li poludela?"

„Ne tražim dozvolu od tebe. Predložila sam Olivjeu da pođe sa mnom, ali je on to odbio."

„Da zna da si bila u šemi s Edvardom, pošao bi! Ovako pušta vuka u tor. Mislio sam da je pametniji."

„Nisi u pravu."

Feliks je, sve do mog polaska, bio uzdržan prema meni. Ali u trenutku kad sam se pozdravila s njim, mogla sam da osetim koliko je zabrinut.

„Voliš li Olivjea? Hoću da kažem, da li ga stvarno voliš?"

„Mislim… da, zaljubljena sam u njega…"
„Rekla si mu to?"
„Ne, još nisam."
„Pazi onda šta radiš u Irskoj."
„Felikse, vraćam se za manje od nedelju dana, ne može ništa da mi se desi."

Olivje me je otpratio na aerodrom, iako sam mu rekla da to nije neophodno. I već sam znala da će me čekati kad se vratim. Poštedeo me je saveta u vezi s bezbednošću. Bila sam tužna zato što ga neću videti nedelju dana – to je bio dokaz da Feliks nije u pravu. Ostala sam u njegovom zagrljaju do poslednjeg trenutka.
„Javiću ti se uskoro", rekoh mu između dva poljupca.
„Siguran sam da će sve biti u redu."
Poljubila sam ga još jednom i krenula ka izlazu.

Bilo je neobično. Otkako sam kročila na irsko tlo, imala sam utisak da sam kod kuće, kao da sam se vratila u svoj dom posle dugog odsustva. Nisam očekivala da ću se osećati tako lepo. Mislila sam da ću se osećati loše, da ću biti tužna, usplahirena, da će me proganjati uspomene. A bilo je potpuno suprotno. Sa svakim korakom, sa svakim pređenim kilometrom bila sam bliže kući. Moje telo i moj um jasno su zapamtili taj put.

Kad sam se približila Malreniju, usporila sam. Prešla sam poslednje brdo i pojavio se zaliv. Bila sam toliko očarana prizorom da sam se zaustavila pored puta. Čim sam otvorila vrata, nalet vetra mi zamrsi kosu i ja prsnuh u smeh. Nepomično sam se divila tom predelu koji je mesecima bio sav moj svet. O bože! Koliko mi je to nedostajalo. U daljini nazreh svoju i Edvardovu brvnaru. Naježila sam se, pogledala u nebo i udahnula punim plućima taj čisti vazduh pun joda. Oči mi zasuziše od vetra – volela sam te suze, kao da su mi čistile oči, obraze. Sumorni sati su bili iza mene, razmišljala sam samo o čudesnim trenucima koje sam tu doživela. Ovo putovanje je bilo prilika da se pomirim s tim razdobljem svog života.

Kad sam stigla u selo, palo mi je u oči odsustvo bilo kakvih promena – sve je bilo isto kao u mom sećanju: bakalnica, benzinska pumpa i krčma. Malo je nedostajalo da stanem kako bih nešto kupila i svratila u krčmu da popijem ginis. S druge strane, činilo mi se da je prerano za odlazak na plažu, imaću dovoljno vremena za to. Zato se zaputih kod Ebi i Džeka. Nisam još ni isključila motor, a njihova vrata se otvoriše i oni se pojaviše na pragu. Smešila sam se, smejala i plakala u isti mah. Potrčah prema njima jer nisam želela da se Ebi zamara. Džek je stao ispred nje i, na moje veliko iznenađenje, zagrlio me svojim džinovskim rukama.

„Naša mala Francuskinja je konačno ovde!"
„Hvala... Džek."
„Ja sam na samrti, prepusti je meni!"

Džek me pogledom opomenu da ne reagujem na humor njegove žene. On me pusti i ja je videh izbliza. Bila je niža nego što sam je pamtila, i smršala je. Pretpostavljala sam da je upotrebila sve što je mogla kako bi

prikrila tragove bolesti: podlogu za šminku, korekt
prikrivanje podočnjaka, rumenilo za obraze... Pogled
joj je i dalje bio vragolast i pun života. Ona me zagrli.

„Tako je lepo što si došla! Više od godinu dana
čekam tvoj povratak."

Umalo ne odgovorih: *I ja.*

Sat kasnije, nakon što sam ispraznila putnu torbu i složila stvari u komodu u svojoj sobi, bila sam u kuhinji i spremala večeru s njom. Tada sam primetila prve znake umora, pošto nije odbila moju pomoć, što bi ranije učinila. Džek je prešao iz kuhinje u dnevnu sobu sa ginisom u ruci. Ebi me je, sedeći na stolici, zasipala pitanjima o životu u Parizu, Feliksu, koga je sačuvala u dirljivoj uspomeni, i Olivjeu. Nisam mogla da se načudim da joj je Edvard pričao o njemu: stvarno se promenio! Zadovoljila sam svoju znatiželju:

„Ima li nekoga u njegovom životu?"

Ebi se malo nasmeši.

„Da... ima nekoga ko zauzima dosta mesta."

Obuze me panika.

„Ebi, nemoj mi reći da je to..."

Ona me prekinu grohotnim smehom.

„Ona se nikad nije vratila. Ne brini... dolazak ove osobe uneo nam je radost u život, videćeš. Moraćete da se sretnete."

Hvala ti bože što imam Olivjea! Da sam i dalje sama, teško bih podnela da vidim Edvarda s nekom drugom, pogotovo ako je to neka draga devojka koja se svima dopada.

Dok smo večerali, raspitivala sam se o meštanima kojih sam se sećala. A sećala sam se svih. Ebi me je obavestila da Džudit stiže za vikend i da je u odličnoj formi. Teško meni! Oprala sam sudove i zabranila im da bilo šta rade. Htela sam da se odmore dok sam kod njih, i to je najmanje što sam mogla da učinim. Ovde mi je sve bilo poznato, kao kod mojih babe i dede, kod kojih sam kao dete provodila raspuste. Kad sam sve sredila, izašla sam da popušim cigaretu i sela na terasu ispred kuće. U daljini sam čula more i talase. Bila sam tako opuštena, duboko sam disala, telo mi je bilo poput žvakaće gume. Džek mi se posle nekoliko minuta pridružio, s cigarom u ruci.

„Ebi je otišla na spavanje", saopšti mi.

„Nadam se da se ne zamara previše zbog mene."

„Pored svega što radiš, nema šanse! Nisi mogla da joj daš lepši poklon. Teško se oporavila od tvog odlaska."

„Žao mi je…"

„Ne treba da ti bude, ona je takva, htela bi da vas sve zadrži zauvek kraj sebe, kao da ste deca. Nadam se samo da nisi morala da prisiliš sebe da dođeš zbog nje."

„Ni slučajno… imala sam neke bojazni, moram da ti priznam… ali otkako sam stigla, znam da je to najbolja odluka koju sam mogla da donesem."

Bilo mi je toplo ispod jorgana, u specijalnom džinovskom krevetu. Upravo sam pričala telefonom s Olivjeom, i prijao mi je razgovor s njim i dodir s mojim pariskim životom. Bila sam mnogo vezanija za ovu zemlju nego što sam htela sebi da priznam. Spremala sam se da ugasim lampu kraj uzglavlja kad me u tome spreči kucanje na vrata moje sobe. Zapanjih se kad ugledah Ebi u kućnoj haljini.

„Mislila sam da spavaš..."
„Patim od nesanice... i htela sam da vidim jesi li se lepo smestila."
„Mislila sam da će biti teže."
Ona priđe krevetu, sede pored mene i uhvati me za ruke.
„Ti blistaš, Dijan."
„Hvala."
„Nadoknadićemo propušteno vreme."
„Hoćemo."
„Kada bi samo znala koliko sam srećna što ćeš biti kraj mene nekoliko dana... Moja druga ćerka je kod kuće..."
Zanemeh od uzbuđenja.
„Lezi."
Ustala je, a ja sam se vratila u krevet. Ebi me onda ušuška i poljubi u čelo.
„Lepo spavaj, mala moja."
Utonula sam mirno u san.

Ebi je narednog dana htela da se nas dve prošetamo po plaži. Da se ne bi previše zamarala, Džek nas je odvezao i ostavio nedaleko od obale. Išle smo sitnim koracima, držeći se podruku. Ebina ruka je smirivala moje drhtanje. Nisam videla ništa osim svoje brvnare. Mislila sam da ću u toj kući presvisnuti od tuge, ali su mi ta četiri zida takođe pomogla da postanem žena kakva sam danas.
„Niko nije stanovao u njoj otkako si otišla."
„Zašto?"
„Ona je tvoja... Ponela sam ključeve, hoćeš da uđeš?"

„Ne, ne želim da pokrećem uspomene."
„Razumem te."
Kad smo nastavile šetnju, uhvatila nas je kišica, iako je Džek, uzdajući se u intuiciju, tvrdio da nekoliko narednih sati neće pasti ni kap. Volela sam tu plažu, to more preteće plave boje i taj vetar koji je uvek duvao nesmanjenom jačinom. Na tom mestu sam oplakala Kolena i Klaru, smejala se, otkrila Edvardovo pravo lice, upoznala Džudit. I valjala se u pesku.

„Je l' Edvard još ima psa?"
„Da. Luđi je nego ikad. Pogledaj ko dolazi!"
Ebi me pusti i odmače se nekoliko koraka unazad, smejući se. Lavež me ispuni radošću i ushićenjem. Poštar Pet! Jurio je ka nama. Krenuh da se pljeskam po kolenima, dozivajući ga, i on, isto kao nekada, skoči na mene i obori me na leđa.

„Kako si, mališa?", upitah ga dok mi je lizao lice.
„Prepoznao te je", reče mi Ebi.
„Neverovatno!"
Nekako ustadoh i bacih mu daleko štap, pitajući se otkud to da je bez gazde.

„Zar ga Edvard sada pušta samog?"
„Ne, mora da je sa Deklanom."
„Ko je Deklan?"
Ebi nije stigla da mi odgovori. Neki glas iza mojih leđa dozivao ju je iz sveg grla. Okrenuh se i ustuknuh kad sam ugledala dečaka koji je trčao ka nama, tačnije ka Ebi. On se baci na nju i priljubi joj se uz stomak. Osetila sam knedlu u grlu: pojavljivanje ovog deteta pokvarilo mi je ponovni susret s plažom i pokrenulo previše pitanja da bih mogla da budem spokojna.

„Ebi!"

„Da, Dijan?"

„Čije je to dete?"

Imala sam utisak da joj je neprijatno, što nije ličilo na nju i što je samo pojačalo moju strepnju.

„Dakle, čije je?"

„Moje", reče Edvard, koji je stajao iza mene.

Okrenuh se. Bio je na manje od koraka od mene i gledao me pravo u oči. Odmeravala sam čas dete, čas njega. Sličnost je bila zapanjujuća. Taj dečačić, koji će – to se već sada videlo – izrasti u pravog grmalja, bio je Edvard u minijaturi: raščupana tamnoplava kosa i oštre i ponosne crte. Samo što je tu bio još i onaj smešak. Ali to dete je imalo najmanje pet godina... Ručica koja me je vukla za kaput osujeti moj pokušaj da izračunam.

„Kako se zoveš?"

Zurila sam u njega nesposobna da mu odgovorim. Iste ispitivačke oči...

„Deklane, ovo je naša porodična prijateljica Dijan", reče mu Ebi. „Pustićemo tatu da razgovara s njom, važi?"

Mališan ravnodušno slegnu ramenima.

„Edvarde, vas dvojica ćete večerati kod nas", predloži Ebi. „Povešću Deklana sa sobom."

„Ne dolazi u obzir da pešačiš do kuće, odvešću vas kolima."

„Nema potrebe da tvoj sin sluša vaš razgovor."

„Odvešću vas, pa ću se vratiti kod Dijan."

Mene niko nije ništa pitao. Kao u dobra stara vremena! Edvard zviznu psu, mahnu sinu da pođe za njim ne uputivši mu ni reč, i krenu ka automobilu parkiranom ispred njegove kuće. Ebi mi priđe.

„Hoćeš li me otpratiti do tamo?", upita uhvativši me podruku.

Više sam se ja oslanjala na nju nego ona na mene. Zurila sam u svoja stopala, nisam bila kadra da gledam ispred sebe i prisustvujem toj porodičnoj idili: Edvard je išao sa svojim sinom i psom.

„Nemoj da budeš previše oštra prema njemu, mala moja", reče mi ona pre nego što je ušla u auto.

Kad mi je Evard prišao, uzmakoh i ošinuh ga pogledom.

„Hoćeš da me sačekaš unutra?"

„Još nešto?"

„Ne počinji…"

Prepoznala sam taj osoran ton. Krenu mi para na uši, ali oćutah iz poštovanja prema Ebi. Okrenula sam mu leđa i pošla nazad na plažu. Četvrt sata sam se vrtela ukrug, bacala iz sve snage kamenčiće u vodu i palila cigaretu za cigaretom. Edvard je imao dete! To je bilo potpuno nezamislivo! Dobro, bilo je sasvim prirodno da upozna neku ženu, možda čak ženu koja već ima decu! Ali da ima sina za koga je već na prvi pogled jasno ko mu je otac! I to sina tog uzrasta! Zašto mora stalno da me iskušava!?

Škripa guma mi stavi do znanja da se vratio. Kad mi je prišao, ukrutih se još više i prasnuh:

„Kako si to mogao da kriješ od mene? Imaš sina starijeg od pet godina! I nisi mi ništa rekao? Zar je to tvoja životna filozofija? Da lažeš i skrivaš ključne stvari iz svog života? Prećutao si mi da imaš ženu! A sad…"

„Ućuti! S kojim pravom mi postavljaš ova pitanja? Ti si ta koja je otišla! Nisi se javljala! Izgradila si novi život!"

Uzmaknula sam pred njegovim napadom. On mi je okrenuo leđa i zapalio cigaretu. Postalo mi je neprijatno, moje vreme za prigovore je isteklo. Bio je u pravu, ja sam njega ostavila, a bio je spreman da uradi mnogo toga zajedno sa mnom. Ali nisam mogla da se zaustavim, bili su mi potrebni odgovori.

„Jesi li znao za njega dok sam bila ovde?"

„Kako možeš da pomisliš nešto tako ružno?", odvrati mi on, okrenuvši se ponovo prema meni, sav smrknut.

„Nemoj misliti da ćeš se tako lako izvući. Neću čekati da dođe Džudit kako bih saznala šta se dešava u tvom životu. Prošla su ta vremena. Ili ćeš sesti za sto i objasniti mi otkud taj dečak…"

„Ili šta?"

„Ili odlazim. Već večeras."

Nije mi se dopadalo ono što sam upravo radila, ali nisam imala izbora. On je ćutao.

„Ebi će patiti ako sad odem."

On se uhvati za glavu, raščupa kosu i pogleda u more.

„Saznao sam za Deklana pre nešto više od šest meseci. Ima četiri meseca kako živi ovde."

Edvard priđe stenama i sede. Dugo sam ga posmatrala pre nego što sam rešila da mu se pridružim. Bilo mu je teško, to je bilo očigledno po načinu na koji je povlačio dim iz cigarete. Da je mogao, progutao bi je. Umor koji sam zapazila kad sam ga videla u Parizu izbijao je iz svake njegove pore. To je bilo više od umora, to je bila iscrpljenost, psihička iscrpljenost. Mrvio ga je teret koga nije uspevao da se oslobodi. Naš odnos se promenio, ali nisam mogla da podnesem njegovu tugu; ono što sam tražila od njega bilo mu je veliko iskušenje. On me pogleda ispod oka kad sam sela pored njega. Podigoh okovratnik i sačekah da krene s pričom.

„Džudit ti je sigurno rekla da sam posle raskida s Megan otišao da se osamim na Aranskim ostrvima."

„Da."

„Nije znala da sam, pre nego što sam se ukrcao na brod, svratio u Golvej. Napio sam se ne bih li zaboravio šta se desilo. Već prve večeri upoznao sam nekoga ko je utapao u piću ko zna kakav bol. Lako možeš da pretpostaviš kako se to završilo… Trajalo je tri dana… Ustajali smo iz kreveta samo da bismo uzeli novu dozu alkohola. Kad sam jednog jutra otvorio oči, setio sam se da sam ostavio psa u kolima. Sirota životinja… Shvatio sam da postajem pijanac koji spava s prvom koja naiđe da bi se osvetio bivšoj… To je tako jadno, ne liči na mene. Ukrcao sam se u čamac za Aranska ostrva ne oprostivši se od nje, živeo sam dva meseca odsečen od sveta i zaboravio na tu devojku. Nisam se maltene sećao ni kako se zove. Ali ona mene nije mogla da zaboravi."

On zastade kako bi zapalio cigaretu. Njegova prava priroda i osećaj odgovornosti odneli su prevagu.

„Živite zajedno?"

On mi se tužno nasmeši.

„Ona je umrla."

Krv mi se sledi u žilama. Sažalih se na tog mališana.

„Kako si saznao za sina? Koliko mu je godina?"

„Šest… Mnogo sam radio nakon tvog odlaska da bih… Ukratko, moje ime je počelo da se pojavljuje na raznim stranama. Pozvali su me u Golvej da napravim foto-reportažu o regati. Kad sam se jednoga dana iskrcao iz čamca, ona me je čekala na pristaništu. Tražila me je nekoliko meseci. Jedva sam je prepoznao, ne zato što sam je se sećao kao kroz maglu, nego zato što se promenila – bila je sama kost i koža i izmoždena od umora. Navalila je da odemo na piće. Saopštila mi je bez okolišanja da umire. Bilo mi ju je žao, ali nisam shvatao šta mogu da učinim za nju. Gurnula mi je Deklanovu fotografiju pod nos. Da se nije razbolela, nikad ne bih saznao da imam sina. Sama ga je podizala, ni od koga nikad ništa nije tražila. Dobio sam rezultate testa za uvrđivanje očinstva i kad si me ti zvala telefonom, upravo sam se spremao da odem u Golvej kako bih bio uz nju do poslednjeg trenutka."

On ustade i ode do mora. Sledila sam se, ne zbog temperature koja je u međuvremenu pala, nego zbog onoga što sam čula. Njemu je život dao sina bez majke, koju on nije ni želeo, a meni je uzeo ćerku, razlog mog postojanja. Klara je bila Deklanovih godina kad je nastradala. Nimalo mu, međutim, nisam zavidela. Kako će se on, samotnjak na kome su majčina smrt i očev odlazak ostavili dubok trag, izboriti s tim?

„Moramo da pođemo, Dijan. Džek i Ebi rano večeraju."

Išla sam deset koraka iza njega dok smo prilazili autu. Srce mi se steglo kad sam ušla u njegov rendžrover. Osim smeća koje je Edvard stalno ostavljao za sobom, tu su sada bili i otpaci koji ostaju iza deteta. Postojala je još jedna razlika: sada je automobil malo manje bazdio na duvan. Začas smo stigli, i dalje je brzo vozio. Kad se parkirao i isključio motor, Edvard se zavali na naslon, zatvori oči i uzdahnu.

„Edvarde... Ja..."

„Ništa ne govori, molim te."

Izađosmo iz kola. Kad smo ušli u Ebinu i Džekovu kuću, dočeka nas dečji smeh, koji mi je nagnao suze na oči. Potrudila sam se da to niko ne primeti. Edvard provuče sinu ruku kroz kosu. Ja zamenih Ebi u kuhinji kako bih se nečim zaokupila i udaljila od tog deteta koje me je sve vreme posmatralo krajičkom oka.

Ebi je bila u čelu stola, Džek je sedeo pored mene, dok su se Edvard i njegov sin smestili preko puta nas. Situacija je bila potpuno suluda. Šta ću ja ovde? Nije mi preostalo ništa drugo nego da se suočim sa stvarnošću. I da slušam Deklana, koji je sve vreme mleo kao vodenica. Problem se pogoršao kad se okomio na mene:

„Gde ti živiš, Dijan? Zašto si ovde?"

Podigoh pogled s tanjira i on se srete najpre s Edvardovim, pa s dečakovim.

„Došla sam u posetu kod Ebi i Džeka, a živim u Parizu."

„To je tamo gde je tata išao?"

Čvrsto se uhvatih za rub stola kad je izgovorio tu reč. „Tata".

„Da, Deklane, tamo sam bio."

„I jesi li videla tatu, Dijan?"

„Samo nakratko."

„Vi ste, znači, drugovi?"

Preklinjala sam Edvarda pogledom da mu odgovori.

„Dijan je, u prvom redu, Džuditina prijateljica. A sad je dosta, jedi i prestani da pričaš."

Deklan se namršti, uputivši ocu pogled u kome su se mešali strah i divljenje.

Kad smo završili s večerom, ustala sam da raspremim sto, ali Deklan, kao lepo vaspitan mališan, požuri da mi pomogne. Nisam želela da budem neprijatna prema njemu, nije me pitao, niti je uradio nešto loše, ali to je prevazilazilo moje snage. Deca su kao psi: što manje želite da budete s njima, to se više motaju oko vas. Na sreću, pridružio nam se Džek.

„Dosta si radila za večeras, idi da popušiš cigaretu", reče, namignuvši mi.

„Hvala ti."

Bila sam već na vratima kad načuh razgovor između Ebi i Edvarda. Dobio je ponudu za posao, koji je trebalo obaviti dva dana kasnije, a nije imao nikoga ko bi pokupio Deklana posle škole. Ebi nije mogla da prihvati, pošto će celog dana biti na pregledima pedesetak kilometara daleko od Malrenija. Edvard je umiri, pokazavši nežnost kakvu nisam očekivala od njega, i reče kako to ionako nije važno. Ja se udaljih pomislivši da jeste važno.

Dok sam pušila, iskoristila sam priliku da pozovem Olivjea. Na moje veliko iznenađenje, ali i zadovoljstvo, provodio je veče s Feliksom. Nakon što me je uverio da je u *Srećnim ljudima* sve u najboljem redu, morala sam da mu ispričam šta sam toga dana saznala. On se zabrinuo.

„Kako ti to podnosiš?"

„Nije mi lako, nisam to očekivala."

Čula sam kako Feliks iz pozadine zasipa Olivjea pitanjima i ovaj mu na kraju objasni šta se desilo. Feliks ljutito vrisnu i ote mu telefon.

„Je l' to neka šala? Ima klinca? A ti si bila spremna da započneš život sa..."

„Felikse!", viknuh u slušalicu ne bih li ga ućutkala.

„Ajoj! Poneo se kao kreten prema detetovoj majci!"

„Nije znao, Felikse", krenuh da branim Edvarda, što me zbuni. „Dobro, daj mi sad Olivjea."

On me je poslušao gunđajući, ali se nisam obazirala na to.

„Da li ti je, uprkos svemu, drago što si tamo?"

„Da, srećna sam, uživam u druženju s Ebi i Džekom, a uskoro stiže i Džudit, ne brinite za mene."

„Nedostaješ mi, Dijan."

„I ti meni nedostaješ..."

Ulazna vrata se otvoriše iza mojih leđa. Edvard i njegov sin su pošli kući.

„Moram da prekinem", rekoh Olivjeu. „Ljubim te."

„I ja tebe."

Prekinuh vezu. Edvard me je netremice posmatrao stegnutih vilica. Deklan je došao pravo do mene.

„Videćemo se opet?"

„Ne znam..."

„Bilo bi lepo, mogli bismo da se igramo sa Poštarom Petom."

„Deklane, pusti Dijan na miru i ulazi u kola!"

„Ali..."

„Nema *ali*."

Otac i sin se prkosno pogledaše. Uprkos strogosti, Edvard je delovao smeteno.

„Nevaljao si, tata!", reče Deklan i otrča do kola.

Edvard uzdahnu.

„Izvini ako ti je večeras smetao."

„Nije ni najmanje, ne brini."

Iznenadila me je spontanost mog odgovora. Da li sam to rekla zato što nisam htela da se Edvard sekira ili zato što sam htela da odbranim to dete?

„Laku noć", reče mi on.

„Laku noć."

Usne mu se iskriviše u ironičan osmeh, čije značenje nisam razumela, a onda je otišao kod sina, koji se durio, lica priljubljenog uz staklo.

Malo kasnije, kad sam legla, nisam više znala šta da mislim. Dirnula me je njihova tuga. Uprkos zidu koji sam podigla oko sebe, nisam mogla da ostanem ravnodušna prema njihovoj nevolji. Taj dečak je nedavno izgubio majku i sad je živeo kod oca koga nije poznavao. U drugačijim okolnostima, nasmejala bih se na pomisao o Edvardu kao samohranom ocu; ali smeh bi sada bio neumestan. Sigurno se silno trudio da postupa ispravno, ali nije imao uzor na koji bi se ugledao i verovatno ga je grizla savest. Dok sam tonula u san, pomislih kako ja tu ne mogu ništa da učinim. Morala sam, međutim, da primetim da se Edvard mnogo promenio.

6

Ebi sutradan zaključi da treba da izađem na svež vazduh. Tražila je da Džek i ja iskoristimo njen popodnevni odmor i prošetamo posle ručka. Nije morala da se pretvara da je iscrpljena, bore su joj od jutros bile još izraženije.

„Mogu da odem sama u šetnju", rekoh Džeku.

„Izbaciće me iz kuće čim okreneš leđa! Osim toga, želim da protegnem noge s tobom."

Moram priznati da nisam bila ništa manje oduševljena od njega idejom da ćemo provesti neko vreme zajedno. Pošto se uverio da se Ebi lepo smestila i da joj je sve što joj je potrebno nadohvat ruke, on je poljubi u čelo, pa mi mahnu rukom da pođem za njim. Na moje veliko iznenađenje, uđosmo u kola i odvezosmo se do obale. Džek se parkirao iza brvnara. Hteo je da mi pokaže delić Divljeg atlantskog puta, koji se pruža celom dužinom irske zapadne obale. A meni skoro godinu dana nije palo na pamet da odem dalje od vrha sopstvenog nosa!

„Uzmi ovo!"

On izvadi vetrovku iz prtljažnika.

„Bićemo skroz mokri!", upozori me sa osmehom na usnama.

„Dva dana bez kiše: to je previše lepo da bi bilo istinito!"

Krenusmo. Nije mi padalo na pamet da pričam, zapanjile su me lepota predela i neverovatne boje. Godinu dana ranije videla sam samo zelenu, iako je bila sveprisutna paleta duginih boja: tamnocrvene nijanse tresetišta prošaranog ljubičastim cvetićima, zastrašujuće crnilo planina u daljini, bela boja ovaca, hladna tamnoplava nijansa mora, čija se površina belasala na suncu. Svaki nalet vetra doživljavala sam kao poklon. Obradovala me je čak i kiša kad je počela. Natukla sam kapuljaču na glavu i nastavila da hodam i ne pomislivši da se negde sklonim. Nisam više bila šonjava kao nekad. Džek je išao s rukama na leđima, prilagodivši se mom tempu – ja nemam duge noge. Nije pokušavao da zapodene razgovor. Osećala sam da mu je lepo, da mu je drago što je tu, sa mnom. Vozači bi nam s vremena na vreme zatrubili i on bi im mahnuo u znak pozdrava, sa širokim osmehom na usnama.

„Juče si se verovatno šokirala", poče on, posle četrdeset pet minuta hoda.

„Blago rečeno…"

„Ne pamtim kad sam tako izgrdio Edvarda! Nije hteo da ti kaže pre nego što dođeš."

„Zašto si to uradio?"

„Nisam želeo da se osećaš kao da ti je zabio nož u leđa. Plašio sam se da ćeš otići i da će Ebi patiti zbog toga."

I zaista, sukob je izbegnut za dlaku.

„Iako sam mu očitao bukvicu, ostao je pri svom glupom stavu. Kakav tvrdoglavac."

„To nije ništa novo! Ali uveravam te da je sve u redu."

„Ti mu uvek sve oprostiš, šta god da uradi", reče on kroz smeh.

Ja sam se takođe nasmejala, ali usiljenije nego on. Ne rekavši ništa više, Džek se okrenu i pođe nazad.

Kada sam sat kasnije spustila zadnjicu na automobilsko sedište, pokušah da se setim da li sam ikada u životu toliko pčšačila; iskreno govoreći, nisam imala naviku da šetam dva sata u prirodi. Noge su me, međutim, lako nosile, bila sam laka kao pero, kao da sam u olimpijskoj formi. Pogledah se u ogledalo na štitniku od sunca: obrazi su mi bili crveni, oči sjajne, kosa mokra baš onoliko koliko treba – odisala sam zdravljem. Ljudi koji žive pored mora, čak i u irskoj klimi, imaju blistav ten. Bilo je dovoljno pogledati Džeka. Uz ovakve šetnje preplanuću više nego za vreme vikenda koji sam provela na jugu Francuske s Olivjeom. Želela sam da lepo završim to popodne.

„Šta kažeš da se okrepimo u krčmi?"

„Ništa mi ne bi pričinilo veće zadovoljstvo!"

Četvrt sata kasnije zaustavismo se na parkingu ispred krčme. Džek je izašao iz kola ne primetivši da ja i dalje sedim nepomično. Zurila sam u pročelje; to je bilo još jedno mesto koje je budilo sećanja, još jedno mesto na kome su lepi trenuci odnosili prevagu nad ružnim. Džek mi kucnu na staklo, ja otvorih vrata i izađoh iz auta.

„Zar ne čuješ zov piva?"

„Čujem, ali mi je neobično što sam ovde."

„Neće verovati rođenim očima! Niko te nije zaboravio!"

„Misliš da je to dobro?"

Ovde sam se izdrala na Džeka, pila toliko da nisam mogla da stojim na nogama, umalo se nisam potukla, igrala sam na šanku... Ukratko, nisam uvek bila u svom najboljem izdanju.

„Mala moja Francuskinjo, kad ćeš već jednom shvatiti da si ovde kod svoje kuće?"

On otvori vrata. Čim je to uradio, zapahnuše me miris piva i drveta, a žagor podseti na spokojstvo koje tu može da se pronađe. Išla sam iza Džeka, koji me je zaklanjao svojim širokim ramenima.

„Pogledaj koga ti dovodim!", reče on barmenu, koji se nije nimalo promenio.

„Mora da sanjam!"

On pređe ispred šanka i srdačno me poljubi u oba obraza, držeći me za ramena. Osećala sam se tako sićušno između ta dva džina u poodmaklim godinama!

„Edvard je, dakle, konačno rešio da ode po nju!", viknu vrativši se na svoje mesto.

„Dijan je došla zbog Ebi."

„Pa da, naravno! Kako sam glup!"

Džek me tužno pogleda.

„Sve je u redu...", umirih ga. „Uostalom, donekle je u pravu: da nisam naletela na Edvarda u Parizu, sigurno ne bih bila ovde!"

Oboje prsnusmo u smeh. Ceo Malreni je bio svedok uspona i padova u mojoj i Edvardovoj vezi i svako je imao svoje mišljenje o tome!

Preda mnom se stvori krigla piva. Divila sam se njegovoj boji, gustoj i masnoj peni, mirisu koji je podsećao na kafu, načinu sipanja „iz dva puta"... Više od godinu dana nisam pila pivo. Poslednje sam popila upravo ovde. Život se vrteo ukrug. Ginis me je ranije podsećao na Kolena, koji je voleo samo tu vrstu piva. Zato sam i došla u Malreni. Kada bih sada videla čašu sa zlatastim ginisom, nisam više mislila na muža, nego na Irsku, na Džeka, koji pije pivo u četiri po podne umesto čaja, na Edvarda koji me je naterao da ga probam. Za mene je ta degustacija predstavljala šok: shvatila sam da sam se iz neznanja lišavala neverovatnog užitka. Kucnusmo se kriglama. Posmatrajući me kako otpijam prvi gutljaj, Džek mi namignu.

„Baš je dobro!"

„Uspeli smo", reče barmenu. „Sad je jedna od nas!"

Naredni sat proveli smo razgovarajući s ljudima koji su me prepoznali. Prilazili su mi da me pitaju šta ima novo. Razgovarali smo, naravno, o kiši, prethodnom letu, koje je bilo lepo, utakmicama ragbija i irskog fudbala koje su se igrale narednog vikenda. A onda je došlo vreme da se vratimo kući zbog Ebi. Nisam dugo izdržala posle večere. Taj dan je vredeo kao više njih.

Ebi i Džek su rano ujutru otišli na lekarske preglede. Nisam želela da ostanem sama u njihovoj velikoj kući, pa stoga odlučih da iskoristim dan kako bih tumarala ka ostrvu Akil i nastavila otkrivanje novih pejzaža započeto prethodnog dana. Krenuh, dakle, istim putem kojim je vozio i Džek i prođoh pored brvnara. Zaustavila sam se da bacim pogled. Dok sam vozila uz obalu, bila sam fascinirana surovošću predela i vremenskih uslova. Nisam, međutim, uspevala da se potpuno prepustim. Pokušah da kontrolišem svoj um i misli... ali bez uspeha. Na kraju naglo zakočih nasred puta.

„U majčinu!", dreknuh u kolima.

Izađoh i zalupih vrata iz sve snage. Zapalila sam cigaretu i krenula preko livade ka moru. U redu, lepo je vreme, posmatram talase, imam ceo dan da uživam u svežem vazduhu, kao juče, a mislim samo na jedno. To me je izbezumljivalo... Otrčala sam do kola, okrenula se i pošla nazad u Malreni ne skidajući nogu s gasa i proklinjući svoju glupost. Zaustavila sam se ispred brvnare i otišla da pokucam na vrata. Kad me je ugledao, Edvard nije mogao da sakrije zabrinutost:

„Nešto se desilo? Je l' Ebi?"

„Tvoj današnji posao. Da li je nešto važno?"

„O čemu pričaš?"

„Čula sam da si pre neko veče pričao o tome sa Ebi. Odgovori mi i to brzo, pre nego što se predomislim."

„Jeste."

„Kad se Deklanu završava škola?"

„U pola četiri."

„Ja ću se pobrinuti za njega, ti idi da radiš. Daćeš mi ključeve od kuće?"

„Uđi na minut."

„Neću."

On izvadi svežanj ključeva iz džepa i pruži mi ga.

„Vidimo se kasnije."

„Sačekaj", reče mi i zadrža me uhvativši me za ruku. Nekoliko minuta smo se gledali u oči.

„Hvala ti."

„Nema na čemu."

Zviznuh Poštaru Petu i krenuh s njim na plažu. Pet minuta kasnije, čula sam kako Edvardov džip odlazi u punoj brzini. Ne okrećući se, bacih štap psu.

Pola četiri se prebrzo približavalo. Preskočila sam ručak, iz straha da ne povraćam. Samo sam odškrinula vrata Edvardove brvnare kako bih zatvorila psa unutra, odloživši ulazak u tu kuću. Išla sam ka školi pušeći cigaretu za cigaretom i nazivajući sebe svakojakim imenima. Kako je tako nešto moglo da mi padne na pamet? Ja, koliko mi je poznato, ne podnosim decu, plašim ih se, oduzmem se kad sam s njima, podsećaju me na Klaru. Edvard nije ništa tražio od mene, nisam mu ništa dugovala. Zašto sam htela da mu pomognem, učinim uslugu? Nisam, naravno, bila ravnodušna prema njemu, nema sumnje da nikad neću ni biti, ali zašto bih zbog njega ugrožavala svoj unutrašnji mir?! Da li sam najednom osetila potrebu da se hranim nesrećom tog dečaka, njegovim odnosima s ocem, njegovim bolom, njegovom tugom, koja se nije mnogo razlikovala od moje, budući da je on izgubio majku, a ja ćerku? Bacih poslednji opušak na nekoliko metara od škole. Te ozarene majke s kolicima koje su čekale stariju decu bile su užasan prizor. Neke su me znale iz viđenja u vreme kad sam tu živela, ali je njihova znatiželja ostala ista; gledale su me, tiho se domunđavajući. Želela sam da im kažem: „Vratila sam se, gospođe!" A onda je zvonilo i one nestadoše. Gomila dece izlete iz učionica. Ugledala sam Klaru kako istrčava, smejući se, samo što ona nije nosila uniformu kakvu imaju mali Irci, koji su se rastrčali naokolo tražeći pogledom svoje majke. Sećanja su mi mrvila utrobu, čula sam kako me zove: „Mama, mama, tu si!", i ponovo sam je videla, razdrljenu, čupavu, ruku i obraza umazanih bojom, osetila sam oštar miris dečjeg znoja...

„Dijan, Dijan, tu si!"

Deklan udari u mene, grubo me otrgnuvši od sanjarija.

„Učiteljica mi je rekla da si ti došla po mene. Super!"

„Hoćeš li da mi daš torbu?"

„Tata je nikad ne uzima."

Zašto me to nije začudilo?

„Ja ću je uzeti."

On skinu torbu s leđa i pruži mi je. Dok smo izlazili iz školskog dvorišta, uhvati me za ruku i pozdravi izdaleka drugove. Delovao je tako ponosno. Na putu do brvnare nije rekao ni reč; verovatno je čekao da ja nešto kažem. Pribrah se; on nije ništa skrivio, sama sam se u to uvalila. Morala sam da preuzmem odgovornost, bez obzira na posledice.

„I, kako je bilo u školi?"

Lice mu se ozari i on krenu oduševljeno da mi priča kako je proveo dan. Nije prestao ni kad smo ušli u kuću, gde baci kaput – bio je neuredan isto kao njegov otac – i otrča u dnevni boravak. Nastavivši da brblja, krenu da se igra sa psom. Nije primetio da sam zastala na pragu. Ponovo sam ušla u tu brvnaru, u Edvardovu privatnost. Za samo nekoliko sekundi uočih dve velike promene: nije više bilo pepeljara punih opušaka i fotografije na kojoj je Megan pozirala na plaži. Ništa, međutim, nije ukazivalo da ovde živi dete. Nije bilo ni traga od plišanih i drugih igračaka. To je bio očigledan dokaz: Edvard nije imao pojma šta njegovom sinu treba. Bilo mi je žao obojice. Skidoh jaknu i okačih je na čiviluk u predsoblju. Onda odoh iza kuhinjskog pulta, za kojim sam toliko puta videla Edvarda.

„Hoćeš nešto da pojedeš, Deklane?"

„Aha!"

Pretražila sam, oklevajući, kredence u potrazi za idealnom užinom i pomislila da sam prebrzo izvela zaključak. Bila sam zlurada. Spremila sam mu toplu čokoladu i poslužila keks. Posmatrala sam ga kako jede, pokušavajući da oteram slike koje su se preklapale. Deklan je sedeo na barskoj stolici u očevoj kuhinji, a Klara na onoj u *Srećnim ljudima*. Pokušavala sam da umirim samu sebe: tu je prestajala sva sličnost između njih. Deklan nije više imao majku, dok je Klara i dalje imala svoju. A njena majka je spremala užinu drugom detetu, koje joj nije ništa značilo.

„Hoćeš da odemo na plažu?", predložih mu.

„S Poštarom Petom?"

„Naravno. Imaš li domaći?"

On se namršti.

„Uradi ga pa idemo, važi?"

Dečak klimnu glavom. Otišla sam po njegovu školsku torbu, pa sela pored njega za pult. Išao je u prvi razred, valjda ću se snaći. Klara nije stigla da radi domaće zadatke. Prelistala sam svesku: trebalo je da pročita jednu stranu iz knjige. Moraću da pazim, s

obzirom na svoj naglasak. Stavila sam knjigu između njega i sebe i on poče da čita. Iznenadile su me njegova pažnja i usredsređenost; Klara ne bi bila tako disciplinovana. Kad smo završili, rekoh mu da se presvuče pre nego što izađemo. On skoči sa stolice i upilji se u mene.
„Treba ti pomoć?"
„Ne."
„Postoji neki problem?"
On odmahnu glavom i nestade na stepenicama.

Na plaži sam ga nadzirala iz daljine dok je jurcao za psom. Sve vreme sam se pitala: kako to da nisam skrhana zato što čuvam to dete? Da li tražim oproštaj zato što sam pre više od godinu dana napustila Edvarda tako što sada brinem o njegovom sinu? Možda mogu ovo da radim zato što za nekoliko dana ponovo odlazim, pa to neće imati nikakve posledice po moj život? Ne moram, znači, da se vežem za njega.

Pošto nisam imala pojma u koliko se sati Edvard vraća, kad smo ušli u kuću, poslala sam Deklana na tuširanje. On ode na sprat bez pogovora i bez pitanja. Sačekala sam petnaestak minuta, pa sam se i ja popela. Taj hodnik, to kupatilo… Kucnula sam na vrata.
„Je l' sve u redu?"
„Kad je tata tu, sam se tuširam."
Bio je mali čovek koji je morao sam da se snalazi, nije mogao ni od koga ništa da očekuje.
„Dozvoljavaš li mi da odem u tvoju sobu?"
„Da."

Tužno se nasmeših kad sam videla kako izgleda. Edvard se potrudio: unutra je bilo igračaka – staza za automobilčiće, voz, nekoliko pakovanja lego kocaka, plišane igračke razbacane po nenameštenom krevetu... Ali zidovi su bili hladni, bez ukrasa. Polovina odeće bila je složena u komodu čije su fioke bile odškrinute, a druga polovina je i dalje bila u koferima. Iznenadilo me je, međutim, prisustvo naslonjača u jednom uglu. Deklan uđe u sobu; naopačke je obukao gornji deo pidžame i kosa mu je bila mokra.

„Ne mrdaj", rekoh mu.

Otišla sam da donesem peškir iz kupatila. Čekao me je na sredini sobe, sa osmehom od uva do uva, gledajući me pomalo stidljivo. Energično sam mu obrisala kosu i obukla pidžamu kako treba. Njegove lepe oči pokušale su da mi pošalju poruku koju se nisam potrudila da shvatim.

„Sad si super."

On me obuhvati oko struka, priljubi lice na moj stomak i snažno me stegnu. Prestala sam da dišem i pogledala uvis, ruku pruženih pored tela. Iznenada me je pustio i otišao da se igra automobilčićima; smejao se i pričao priče, ispunjen nekom novom životnom radošću.

„Ostavljam te na pet minuta, idem napolje da popušim cigaretu."

„Isto kao tata", odvrati mi on, ne obraćajući više pažnju na mene.

Sjurih se niz stepenice, zgrabih cigarete i izađoh na terasu. Dok sam pušila, pozvala sam Olivjea.

„Drago mi je što te čujem", rekoh mu čim se javio.

„I meni. Jesi li dobro? Glas ti se nešto utanjio."

„Ma ne, sve je u redu, veruj mi."

Nema potrebe da mu objašnjavam šta radim, samo bi se brinuo.

„Pričaj mi o sebi, o *Srećnim ljudima*, Parizu, Feliksu..."

Ispunio je moj zahtev sa žarom. Malo-pomalo, vratio me je kući, u moj život. Udaljavao me je od mojih demona, davao mi je kiseonik. Nedostajali su mi *Srećni ljudi* i emotivna stabilnost koju su mi obezbedili, Olivjeova nežnost, njegova umirujuća jednostavnost... Ali predah je kratko trajao; Deklan je sišao u dnevni boravak; tražio me je, vidno uznemiren.

„Zvaću te sutra."

„Jedva čekam da se vratiš, Dijan."

„I ja. Ljubim te."

Vratila sam se unutra. Deklan mi se nasmeši s olakšanjem.

„Mogu li, molim te, da gledam televiziju?"

„Ako hoćeš."

„Kad se tata vraća?"

„Ne znam. Hoćeš da ga pozoveš telefonom?"

„Ne!"

„Ako hoćeš, pozovi ga, ne treba da se bojiš. Tata će razumeti..."

„Ne, hoću da gledam televiziju."

Lako je pronašao kanal s crtanim filmovima. S obzirom na to koliko je bilo sati, reših da mu spremim večeru. Kuvala sam uz njegov grohotan smeh i s Poštarom Petom koji mi se motao oko nogu čekajući da mu bacim neki zalogaj. Kada bih uhvatila sebe kako se smeškam, ponovila bih sebi da ja nisam ta žena koja sve to radi.

Četrdeset pet minuta kasnije sudovi su bili oprani pošto smo završili s večerom – i ja sam jela s Deklanom. Bilo je skoro devet, a od Edvarda nije bilo ni traga ni glasa. Deklan je bio na trosedu, gledao je crtane filmove.

„Moraš na spavanje", saopštih mu.

On se namršti.

„Ah…"

Onda se iskobelja iz jastuka i poslušno isključi televizor. Nije više bilo životne radosti na njegovom licu, kao da se zatvorio u sebe.

„Otpratiću te do sobe."

On klimnu glavom. Kad smo se popeli na sprat, otišao je da opere zube iako mu nisam rekla da to uradi. Upalila sam lampu na stočiću pored kreveta i namestila mu jastuk. Kad je ušao, spustio se na sve četiri i pretražio prostor ispod kreveta; izašao je odatle s velikim šalom u ruci. Nije bilo teško pogoditi čiji je. Onda je legao u postelju.

„Da ostavim upaljeno svetlo?"

„Da", odgovori mi sasvim tiho.

„Lepo spavaj."

Nisam napravila ni dva koraka, kada začuh jecaje.

„Ostani sa mnom."

Upravo sam se toga plašila. Za početak kleknuh pored njegove glave. On je izvukao lice iz jastuka; bilo je izobličeno od tuge, a krupne oči su mu bile pune suza. Skrhan od patnje i žalosti, čvrsto je stezao majčin šal. Polako mu primakoh ruku, gledajući ga netremice da bih videla kako će taj pokret delovati na njega, pa mu je zavukoh u kosu. Kad je osetio dodir, nakratko je zatvorio oči, a onda ih ponovo otvorio, preklinjući me pogledom da učinim nešto kako bih ublažila njegov bol. Postavila sam sebi jedno pitanje. Samo jedno, zabranjeno pitanje: šta bih uradila da je to Klara? U mislima sam molila ćerku da mi oprosti ovu izdaju; to je trebalo da uradim s njom. Trebalo je da uradim ono što nisam htela da uradim kraj njenog mrtvog telašca: da joj kažem kako će sve biti u redu, kako će biti dobro, kako ću uvek biti uz nju. Legla sam pored Deklana, privukla ga k sebi i udahnula njegov detinji miris. On se sklupčao, protrljao o mene i zaplakao. Dugo je plakao, bez prestanka. Dozivao je majku, a ja sam mu šaputala: „Šššššš, šššš, ššš…"

A onda mi zvuci koje sam potisnula duboko u sebi izađoše na usta: uspavanka koju sam pevala Klari kada bi ružno sanjala. Iako su mi suze krenule same od sebe niz obraze, glas mi nije zadrhtao. Oboje smo oplakivali gubitak drage osobe. Oboje smo bili u istom ponoru i patili. Malo-pomalo Deklan prestade da jeca.

„Jesi li ti mama, Dijan?", upita me grcajući.

„Zašto me to pitaš?"

„Zato što radiš isto što i moja mama…"

Deca imaju šesto čulo za pronalaženje bolne rane. Ovaj mališan mi je pokazao da je majčinstvo ostavilo žig na mojim postupcima i rečima, da su to postupci i reči žene kakva sam nekada bila, htela ja to ili ne.

„Bila sam… pre…"

„Kako *pre*?"

„Moja ćerka Klara… ona je otišla, isto kao tvoja mama."

„Misliš da su zajedno?"

„Možda."

„Ne brini, moja mama je dobra prema njoj."

Stegnuh ga uza se i krenuh da ga ljuljuškam tiho plačući.

„Možeš li još da mi pevaš?"

Ponovo sam mu otpevala uspavanku. Disanje mu se smiri.

Tek sat kasnije čula sam kako se otvaraju ulazna vrata. Edvard me pozva, ali mu nisam odgovorila iz straha da ne probudim Deklana, koga nisam pustila iz naručja ni za sekund. Edvard se pope na sprat, preskačući po dva stepenika, i stade kao ukopan na pragu sinovljeve sobe. Naslonjen na dovratak, stegnu pesnice i pogleda uvis: očigledno je hteo da izbegne taj prizor. I njemu je ta situacija teško padala. Tada shvatih čemu služi naslonjač u sobi: sigurno je u njemu provodio noći, bdijući nad sinom. Pogledom mu dadoh znak da ćuti. Deklan se pobunio, promeškoljivši se, kad sam se odvojila od njega. Spustila sam mu majčin šal tik uz lice i oduprela se želji da ga poljubim u čelo. Dosta sam učinila. Stala sam sva smetena pred Edvarda. Poveo me je u prizemlje. Obukla sam jaknu i otvorila vrata. Već sam izlazila kad se konačno rešio da progovori.

„Izvini što sam se vratio ovako kasno. Hteo sam da te poštedim toga."

„Moram da idem."

„Hvala ti zbog Deklana."

Samo odmahnuh rukom, ne okrenuvši se.

„Dijan, pogledaj me."

„Neću."

Nežno me je uhvatio za ruku, okrenuo me i pogledao: shvatio je da sam u suzama.

„Šta se desilo? Šta ti je?"

Hteo je da uhvati svojim velikim šakama moje obraze, ali sam se otrgnula.

„Ne diraj me, molim te… Ništa. Ništa se nije desilo. Deklan je bio divan."

Otrčah do kola i odjurih kod Ebi i Džeka. Kad sam stigla, ostala sam još nekoliko sekundi u automobilu, s glavom na upravljaču. Bilo da su živa ili mrtva, deca donose previše patnje, previše tuge. Nisam mogla da podnesem Deklanov bol, žarko sam želela da mu pomognem, ali je to prevazilazilo moje snage, a i nisam htela da izdam Klaru. Misliće da sam je još jednom iznevrila. Iznevrila sam je kad sam je pustila da ode s ocem kolima, iznevrila sam je kad sam odbila da se oprostim od nje, nisam mogla opet da je iznevrim tako što ću izigravati majku Deklanu ili bilo kom drugom detetu. Nisam imala pravo na to.

Ušavši u dnevnu sobu, zatekla sam Ebi kako sedi, u kućnoj haljini, u stolici za ljuljanje ispred kamina. Ona mi mahnu da joj priđem i ja se oteturah do nje, sručih se na pod i spustih joj glavu u krilo. Milovala me je po kosi, a ja sam zurila u plamen.

„Hoću svoju ćerku, Ebi."

„Znam… tako si hrabra. Tvoje prisustvo je sigurno blagotvorno delovalo na Deklana."

„On toliko pati."

„Kao i ti."

Prošlo je nekoliko minuta.

„A šta je s tobom? Šta je bilo na pregledima?"

„Umorna sam, polako kopnim."
Stegnuh joj jače kolena.
„Ne, ne ti… ne smeš da nas ostaviš."
„To je sasvim prirodno, Dijan. Osim toga, bdeću nad svima njima. Ne sekiraj se. A sad se isplači, biće ti lakše."

Sutradan sam rešila da provedem dan sa Ebi i Džekom. Osećala sam potrebu da se usredsredim na glavni razlog svog boravka u Malreniju, a ne na Deklana i njegovog oca. Dani su vrtoglavo prolazili; ostalo mi je još malo vremena koje mogu da provedem kraj Ebi. Džudit će stići za manje od dvadeset četiri sata i posle toga rastanak neće biti daleko. Ebi je bila umorna od prethodnog dana, pa tako ostadosmo ceo dan kod kuće. Kasno po podne Džek je otišao da prošeta po plaži: nije mogao da provede ceo dan zatvoren između četiri zida, zov svežeg vazduha bio je jači od svega.

Sedele smo u dnevnoj sobi, sa šoljom čaja u ruci, kad me ona upita:

„Kakvi su ti planovi?"

„Oh… ne znam tačno… mislim da ću nastaviti kao do sada. Lepo mi je u kafeu, sad je u mom vlasništvu…"

„A tvoj verenik?"

Smešila mi se.

„Olivje mi nije verenik, Ebi."

„Ah, današnja mladež! Jesi li srećna s njim? Je l' bar dobar prema tebi?"

„Ne bih mogla da pronađem nekog ljubaznijeg i pažljivijeg od njega."

„To je dobro… Nadam se da će i Edvard pronaći istu takvu sreću…"

Ona zari pogled u moj. Znala sam o čemu razmišlja, ali nisam pristajala na taj razgovor.

„Molim te, Ebi…"

„Ne brini, neću te gnjaviti. Ali toliko se brinemo za njega i Deklana. Edvard je mnogo patio zbog majčine smrti i groznog ponašanja mog brata, njegovog oca… Kad ga danas vidim… znam šta će uraditi kako ne bi ponovio njegove greške: zbog sina će zapostaviti sebe."

„Jak je on, sigurna sam da će to prebroditi…"

Osećala je nagonsku privrženost Edvardu i Džudit, kakvu majka oseća prema rođenoj deci. Gorela sam od želje da joj postavim jedno pitanje.

„Ti i Džek nemate dece zato što ste se brinuli o njima?"

„Ne… to se desilo tako davno, a ipak…"

Njen pogled prožet tugom izgubio se u daljini.

„Izgubili smo dve bebe. Nisam imala priliku da živim s njima, ali razumem tvoj bol zbog ćerkice…"

Suze mi navreše na oči.

„Ebi, žao mi je, nije trebalo…"

„Dobro si uradila… Nas dve imamo nešto zajedničko i znam da je vreme da ti pričam o tome. Dok si živela ovde, bilo je rano za to, ali sada… možda će ti to pomoći…"

„Kako si mogla da brineš o tuđoj deci?"

„Bilo je mnogo suza i plača. U prvo vreme nisam htela da budem Džuditina majka, htela sam da joj budem samo tetka i, pre svega, nisam htela da budem kradljivica dece. Nisam se vezivala za nju. Ona mi je to olakšavala, jer je bila izuzetno mirna beba. Nije plakala, nije ništa tražila, po ceo dan je mogla da ostane u krevecu a da se i ne oglasi. Kad je danas vidim…"

Ona zastade i nasmeja se. Nasmejah se i ja. Nisam mogla da zamislim mirnu i nenametljivu Džudit.

„S Edvardom je bila druga priča… On nas je provocirao, dobijao je napade besa, lomio sve po kući…"

Ništa čudno.

„Džek je umeo da ga uzme u naručje, ali sam ja bila pasivna, odbijala sam da vidim da me tako zove da pomognem njemu i njegovoj sestri."

„I kako se to promenilo? Šta se desilo?"

„Moj divni Džek… Jedne večeri, posle ko zna kog Edvardovog napada gneva, zapretio je da će ih odvesti kod mog brata, pošto ja očigledno ne želim da brinem o njima. To je bila jedina noć kad nismo spavali zajedno. Shvatila sam da ću sve izgubiti: i muža i decu – pošto oni jesu bili moja deca. Dobri Bog mi ih je poslao i niko me nije smatrao kradljivicom…"

„Ti si neverovatna žena…"

„Nisam neverovatnija od bilo koje druge žene… i ti ćeš uspeti u tome."

„Ne verujem…"

„Život će učiniti svoje."

Ebi i Džek su mi te večeri pričali o svojim uspomenama prelistavajući foto-albume. Otkrivala sam prošlost te porodice.

7

Džudit sam čula pre nego što sam je ugledala.
„Gde je šizika?", uzviknu ona s vrata.
„Upozorili smo te da je u formi!", reče mi Džek, s kojim sam bila u dnevnoj sobi.
Ustala sam sa troseda da je dočekam. Kad me je ugledala, uperila je prst u mene, ponavljajući: „Ti! Ti! Ti!" Zatim cmoknu Džeka u obraz, ne odvajajući svoj prodorni pogled s mog lica, pa se zalete prema meni.
„Ti, ti mala… ti si… uh, bre!"
Baci se na mene i snažno me stegnu.
„Videćeš ti svoga boga, znaš?"
„I ti si meni nedostajala, Džudit."
Ona me pusti, šmrknu, pa me uhvati za ramena i odmeri od glave do pete.
„Opa! Nabacili smo novo perje!"
„Ti i dalje izgledaš fenomenalno!"
„Trudim se da održim legendu o sebi."
To je bila sušta istina. Džudit je bila predivna, neodoljiva, njen obešenjački pogled razoružavao je i

najneosetljivije muškarce. Čak ni njen brat nije mogao da odoli njenom šarmu. Ebi nam priđe i zagrli nas. Džudit mi namignu, nežna, puna razumevanja.

„Moje dve ćerke su sa mnom."

Moja nelagoda je verovatno bila očigledna.

„Ne pravi takav izraz lica, Dijan. Ebi govori istinu. Osim toga, malo je nedostajalo da mi postaneš sna…"

Zaboravila sam koliko su strašne kad se udruže. Sve tri prsnusmo u smeh.

Dan je protekao u duhu našeg ponovnog susreta. Smejale smo se, plakale, Džudit me je zadirkivala. Zajedno smo obavljale kućne poslove kako se Ebi ne bi zamarala. Ona je izgledala deset godina mlađe, za tih nekoliko sati nestali su svi tragovi bolesti: imala je spokojan izraz lica, vratila joj se životna energija i nije više delovala kao da je nešto muči. Osećala se tako dobro da nas je jedva pustila da spremimo večeru, za kojom će nam se pridružiti i Edvard i Deklan. Nisam htela da se brinem zbog toga.

Veliki deo popodneva bio je posvećen pripremanju hrane; prisustvovala sam času irskog kulinarstva i naučila da spremam crni hleb i pravi *irish stew**. Tada rekoh sebi da nisu pogrešile: bila sam u društvu majke i sestre. Sestre s kojom sam se glupirala kao da nam je petnaest godina, i majke koja nas je opominjala. Džek je s vremena na vreme pokušavao da se uvuče u našu žensku jazbinu, ali je svaki put morao da se povuče.

---

* Engl.: irski gulaš. (Prim. prev.)

Džudit je izvadila smartfon da ovekoveči taj trenutak. Ebi i ja smo pristale, smejući se. Napravile smo niz selfija na kojima smo bile sve tri. Upravo u trenutku dok sam se blesavila, otvoriše se vrata i pojaviše se Deklan i Edvard.

„Džudit!", viknu Deklan.

„Eh, balavče moj mali! Je l' se tako kaže?"

„Dobar dan, tetka Džudit", odvrati on poslušno, pa joj se obisnu oko vrata.

Presamitih se od smeha kad sam čula ovu rečenicu. Godinama se nisam smejala tako da me zaboli stomak.

„Da li je neko ikada video Dijan u ovom stanju?", zapita se Ebi, pa se i sama nasmeja.

„Džudit je kriva!", uspeh da izustim. „Zar te nije sramota? Držiš noge na stolu, a tražiš da te tako zove?"

„Čekaj malo, trudim se da budem fina."

Edvard se takođe smejao. Otkako smo se ponovo sreli, prvi put je bio malo opušten i nasmejan. Radije, međutim, skrenuh pogled na Deklana koji je zurio u mene, držeći i dalje Džudit oko vrata. On mi se široko nasmeši i mahnu mi rukom.

„Dobar dan, Deklane", rekoh mu sa mesta gde sam se nalazila.

„Dobro, deco, latimo se ponovo posla! Devojke kuvaju, a Edvard će nas slikati i razviti prave fotografije!", naredi nam Ebi.

On je pogleda kao da je pala s Marsa.

„Upotrebi bar jednom svoj talenat u korist porodice. Učini mi to zadovoljstvo."

„Uradiću to samo zato što ti to tražiš od mene", promrmlja on sebi u bradu.

Spremao se da izađe iz kuhinje kad ga Deklan pozva:
„Tata, sačekaj!"

Svi pogledi se okrenuše prema njemu. On se koprcao u Džuditinim rukama, pokušavajući da dotakne pod. Kad ga je pustila, on priđe ocu i upita ga:

„Mogu li da ti pomognem?"

„Hajde sa mnom do kola."

Po osmehu koji je uputio ocu, videlo se koliko ga voli. Nekoliko minuta kasnije pomagao je Edvardu dodajući mu neophodnu opremu. Džuditino glupiranje i radost zbog toga što ćemo usrećiti Ebi bili su dovoljni da potisnem nelagodnost koju sam osećala zbog njihovog prisustva ili da se bar priviknem na njega. Džek nam se takođe pridružio; poslužio nam je ginis. Onda je seo i kucnuo se sa svojom ženom. Deklan je obilazio oko stola smejući se. Džudit je pospremila nered, a ja sam oprala sudove. Pričali smo uglas, o svemu i svačemu, veseli zbog same činjenice da smo tu. Kad sam završila pranje sudova, naslonila sam se na radnu ploču i popila pivo. Sretoh Edvardov pogled – imala sam osećaj da je vreme u tom trenutku stalo. Želela sam da skrenem pogled, ali nisam mogla. O čemu li razmišlja? Nisam znala ni šta meni prolazi kroz glavu. A onda mu se, najednom, vilica stegnu; mehur se rasprsnuo. On potraži sina; Deklan je zadivljeno zurio u očev foto-aparat ostavljen na pultu.

„Ne diraj to, lomljivo je."

Na dečakovom licu se ocrtalo razočaranje, koje je postalo još veće kad je njegov otac izašao bez reči da vrati opremu u kola, ne zamolivši ga za pomoć. Deklana je, činilo se, brinulo što se nikako ne vraća. Bio je na oprezu, netremice je gledao kuhinjska vrata, skakao na najmanji šum. Kad je čuo da Edvard ulazi u kuću, lice mu se opusti i vrati mu se osmeh.

Kad smo prešli za sto, Deklan zatraži da sednem pored njega. Nisam uspela da smislim nikakav izgovor kako bih ga odbila. Uostalom, to i nije bilo tako strašno. Edvard se spremao da ga izgrdi, ali sam ga sprečila.
„Sve je u redu", rekoh mu nasmešivši se.

Raspoloženje je za vreme večere bilo zabavno, srdačno, porodično. Život nije štedeo nikoga za tim stolom, naročito u poslednje vreme, s obzirom na Ebinu bolest. A ipak su se svi trudili da nastave dalje, da prihvate ono što ih je snašlo, uživaju u malim radostima; to je bio spoj nagona za opstanak i mirenja za sudbinom. Prihvatili su me sa svim mojim problemima i nastavljali su s tim. Bilo mi je lepo s njima. Deo mene je ipak želeo da mi bude manje prijatno, pošto sam znala da će rastanak biti težak. Morala sam da stavim tačku na prošlost kako bih mogla da nastavim svoj život u Parizu, ali će mi svi oni mnogo nedostajati kad se vratim kući. To je bila loša strana tog ponovnog susreta. Džudit me otrgnu od takvih misli:
„Hoćemo posle u krčmu?"
„Ako hoćeš."
„Nipošto ne smem da propustim priliku da izađemo zajedno u provod! Ali pazi da ne završiš kao poslednji put."

„Bila bih ti zahvalna da me ne podsećaš na to."

Po njenom lukavom smešku shvatih da neće stati na tome. Ona munu Edvarda laktom.

„Sećaš li se, batice, kako smo je spasavali?"

On promrmlja nešto sebi u bradu. Nas dvoje smo se odlično toga sećali.

„Ispričajte nam, deco, šta se desilo", umeša se Ebi, van sebe od uzbuđenja.

„Dijan nije više mogla da stoji na nogama, a Edvard je zveknuo u tintaru tipa koji ju je previše požudno gledao. Morao je da je nosi preko ramena. Bilo je tako smešno, mlatrala je i rukama i nogama i drala se na njega, a on je bio mrtav-hladan, nije rekao ni reč."

Ebi i Džek su gledali čas mene, čas njega, a onda prsnuše u smeh. Nas dvoje se snebivljivo pogledasmo, a onda im se pridružismo.

„Šta znači *zveknuti u tintaru*?", upita Deklan.

„Potući se", odgovori mu Džudit.

„Aaaah! Ti si se tukao, tata?"

„Eh, da se potukao samo jednom…", umeša se Džek. „Momče, tvoj otac se tukao već u tvojim godinama."

„Zašto mu to govoriš?", odvrati Edvard.

„Hoćeš li da me naučiš da se tučem, tata?"

Edvard prvi put nežno pogleda Deklana, a onda skrenu oči na sestru.

„Idite sad ako hoćete, ja ću pospremiti."

On ustade, provuče ruku kroz sinovljevu kosu i zamoli ga da mu pomogne da raspremi sto. Zurila sam u njih sve dok nisu nestali u kuhinji – to je bilo jače od mene. Džudit se nakašlja.

„Jesi li spremna za provod?"

Poljubili smo Ebi i Džeka, koji su nam srdačno zahvalili za to veče. Edvard i Deklan izađoše iz kuhinje i Džudit im priđe da ih poljubi. Ja sam im samo mahnula rukom.

„Čuvajte se", reče nam Edvard.

„Nećeš morati da se tučeš", odgovorih mu.

Istog trena sam zažalila zbog te rečenice.

Kad smo ušle u krčmu, smejući se i poskakujući, morala sam da iskažem šta sam pomislila:

„Kako je ovde prijatno!"

„Znala sam da ćeš se vratiti", pecnu me Džudit.

Barmen nam je mahao. Prišli smo šanku, iako su sva mesta bila zauzeta. Problem je rešen za tren oka: on naloži dvojici gostiju da se premeste kako bi nam oslobodili stolice. Ništa nas ne pitajući, doneo je svakoj po kriglu ginisa. U krčmi je vladalo raspoloženje karakteristično za subotu uveče. Muzičari su izvodili poznate hitove na opšte zadovoljstvo. Pridružili smo se ostalim gostima i zapevali iz sveg grla. Ponovo sam osetila atmosferu koja mi se toliko dopala... a u kojoj godinu dana ranije nisam dovoljno uživala.

„Imam jedno vrlo važno pitanje za tebe", reče mi iznenada Džudit.

„Da čujem."

„Je l' Feliks i dalje gej?"

Prsnuh u smeh.

„Više nego ikad", odgovorih joj na kraju.

„Sranje! Shvataš li ti da je on čovek mog života?"

Ona me uhvati za ruku i mi se vratismo za svoja mesta za šankom, gde nam je naručila treću ili četvrtu turu – nisam više znala tačno! Džudit, koja je bila zaljubljive prirode, pričala mi je narednih petnaest minuta o svojim najnovijim ljubavnim avanturama. Naš razgovor je prekinula zvonjava mog mobilnog telefona. To je bio Olivje.

„Sačekaj dva minuta", rekoh mu, a onda se obratih Džudit. „Izvini…"

Ona se podrugljivo nasmejala i pokazala mi glavom na deo za pušače, ispred krčme. Zgrabih cigarete i prođoh do vrata. Džudit, koja me je pratila u stopu, zapodenula je razgovor sa ostalim pušačima.

„Evo, tu sam."

„Gde si? Čuje se galama!"

„U krčmi, sa Džudit. Svira muzika, kao i svake subote."

„Došla ti je drugarica?"

„Da, divno smo provele dan. Ebi je bila srećna, bilo je super!"

„Lepo ti je tamo…"

Osetih grižu savesti, presrećna zbog toga što sam ponovo sa Džudit, danas sam zaboravila da ga pozovem.

„Jeste… A kako si ti?"

„Odlično, ovde je sve u redu. Kod kuće sam, ubijam vreme. Neću da te zadržavam…"

„Ma ne smetaš mi, blesane!"

„Lepo se provedi, samo sam hteo da čujem da li si dobro. Vidim da jesi! Ljubim te."

„I ja tebe. Čujemo se uskoro, javiću ti se sutra, obećavam."

Džudit me je sigurno držala na oku, pošto se stvorila kraj mene čim sam vratila telefon u džep.

„I? Kako ti je momak?"

„Odlično. Idemo unutra?"

Pošto smo bile počasne gošće, naša mesta za šankom su nas čekala. Džudit nije odustajala:

„Je l' to ozbiljna veza?"

„Ne znam, mislim... da... u stvari, jeste..."

„A moj brat?"

„Šta tvoj brat?"

„Ne voliš ga više? Nemoj mi reći da ga nisi volela, neću ti poverovati."

„Oh, Džudit, molim te..."

„Moramo da vodimo ovaj razgovor."

Uzdahnuh.

„Nisam bila spremna za njega, da sam ostala samo bih ga još više povredila, kad-tad."

„A sada?"

„Prošlo je više od godinu dana. Nastavila sam svoj život u Parizu, kod kuće, i upoznala nekoga s kim mi je lepo."

„Shvatam. Drago mi je zbog tebe."

Ona iskapi svoju kriglu i naruči novu turu, pogledavši me ipak krajičkom oka.

„Imaš nešto da mi kažeš?"

„Sigurno ti je bilo čudno kad si ga ponovo videla!"

„Nije da nije... Ali moram odmah da te zaustavim, Džudit, nemoj da umišljaš stvari..."

„U redu, u redu! Ipak... nećeš me ubediti da nisi znatiželjna i da ne želiš da saznaš malo više..."

„U pravu si... brine me..."

„Nisi jedina!"

„Nisam ni sumnjala..."

„Ne treba da se zakopa ovde sa sinom, zaslužuje bolje od toga! Kako će sada da izgradi novi život?"

„Smatraš da Deklanov dolazak predstavlja problem?"

„Naravno da ne, ko može da ne voli onog klinca? Samo mi je dojadilo da gledam brata kako pravi sranja. Baš nema sreće! Ne prebacujem ti, Dijan... ali užasno je patio posle tvog odlaska..."

Oborila sam glavu. Setila sam se trenutka kad sam mu saopštila da ga ostavljam. Toliko sam ga povredila.

„Radio je kao lud, stalno je tumarao naokolo, bežao iz Malrenija, od svega što je moglo da ga podseti na tebe. Ali u svakom zlu ima neko dobro: uspeo je da se probije. A onda... *bam*!... naleće na tu žensku! U prvi mah smatrao je sebe negativcem u toj priči... znaš kakvi su njegovi principi! Na sreću, Deklanova majka je bila čestita, ozbiljna, razumna devojka. Nikada se nije ljutila na Edvarda zato što je otišao, oslobodila ga je osećaja krivce i ukrotila, htela je da vidi može li stvarno da mu poveri njihovog sina."

„Shvatam je, na kraju krajeva, nije ga poznavala!"

Otpila sam veliki gutljaj piva i uzdahnula.

„Ali kako je zapravo? Šta misli o situaciji u kojoj se našao?"

„Gde ti živiš, Dijan? Zar misliš da otvoreno govori o tome kako se oseća?"

To je bilo jače od mene: prsnuh u smeh.

„Vidiš da si znatiželjna!", dodade ona, nasmejavši se i sama.

„U pravu si! Jesi li sad zadovoljna?"

„Oduševljena sam! Čuj, mogu ti reći da je ipak malo odlepio kad je dobio rezultate testa za utvrđivanje očinstva. Godinama ga nisam videla u takvom stanju!"

„Šta hoćeš da kažeš?"

„Pio je, zabarikadiran u kući, dok nije bio trešten pijan. Pravo je čudo da nije umro. Morala sam da uđem kroz prozor. A onda sam ga satima slušala kako bunca nadugačko i naširoko... o svemu i svačemu: o našem ocu, onoj gaduri, Ebinoj bolesti i tebi! A prošlo je šest meseci od tvog odlaska. Niko nije smeo da te pomene ukoliko nije hteo da izazove nuklearni rat. Pričao je o tvojim telefonskim pozivima, porukama..."

Nakratko prestadoh da je slušam: to se podudaralo s vremenom kad sam ga zvala...

„A sad?", upitah je.

„Živnuo je zahvaljujući sinu, posvetiće mu svoj život... Ludo ga voli, ali će uvek patiti zato što nema dete sa ženom koju voli."

„Tako bih volela nešto da učinim za njega..."

„Nemoj da ga sažaljevaš."

„To nema nikakve veze sa sažaljenjem..."

Ona se nasmeši krajičkom usana.

„Znam, provociram te... Pričaj šta hoćeš, ali između vas će uvek nešto postojati, to je naprosto tako. Oboje ste doneli odluke. Ti imaš nekoga u svom životu, a on ima sina i to mu je dovoljno. Ali mislim da bi bilo dobro za oboje da razgovarate o tome... Daj još jednu turu!"

Stigla je nova krigla piva. Džudit je sazrela, bila je mnogo odgovornija i pronicljivija nego pre. To je, međutim, nije sprečilo da me natera da zaplešem u paklenom ritmu tradicionalne irske muzike.

Krčma se zatvarala. Sreća da smo bile na pet minuta od Ebi i Džeka. Onako pripite, pređosmo taj put držeći se podruku. Otreznih se za manje od dve sekunde kad sam ugledala Edvardov auto ispred njihove kuće.

„Šta će on tu?", tiho viknu Džudit zauzdavši podrigivanje.

Uđosmo nečujno i krenusmo u dnevni boravak. Lampa na stočiću bila je upaljena. Najzad sam razaznala Edvardovu siluetu; sedeo je na trosedu, s nogama na niskom stolu i s čašom u jednoj ruci, dok je drugu spustio na Deklanova leđa. Dečak je spavao s glavom u njegovom krilu.

„Zašto si još ovde?", upita ga Džudit.

On nam odgovori ne potrudivši se da se okrene prema nama.

„Deklan je dobio napad panike kad je shvatio da vas neće ponovo videti. Smirio se tek kad sam mu obećao da ćemo vas sačekati. Na kraju je zaspao."

„Trebalo je da nas pozoveš", rekoh prišavši mu.

„Hvala ti, Dijan, ali nisam hteo da vam upropastim veče."

Džudit kleknu kraj njih i odmeri pogledom maltene praznu bocu viskija. Onda namignu bratu, koji joj se tužno nasmeši.

„Ostavi ga ovde noćas, ja ću spavati s njim. Lezi konačno u svoj krevet. Dovešćemo ga sutra u podne."

„Možda će ti to biti čudno, ali neću odbiti tvoj predlog."

Džudit se uspravi, a Edvard uze sina u naručje i ustade. Deklan ga zagrli oko vrata.

„Tata?"

„Džudit i Dijan su tu, spavaćeš u Džuditinom krevetu."

Posmatrala sam ih dok su se peli stepenicama. Njihov život je bio tako daleko od mog. Uzeh čašu i bocu, tek da bih nešto radila, i odnesoh ih u kuhinju. Onda sam se naslonila na sudoperu i popila čašu vode. Trgla sam se čuvši Edvardov glas:

„Idem."

Okrenuh se, a on mi baci kutiju cigareta. U ustima je već imao jednu. Shvatila sam poruku i pošla za njim. Kad smo izašli, uzeh jednu cigaretu, pa mu vratih kutiju. On zaroni pogled u moj i kresnu upaljač da mi zapali cigaretu; primakoh se plamenu, pazeći da se ne opečem. On malo prošeta po bašti, pa se ponovo vrati kod mene. Pretražio je džep, izvadio ključeve od svojih kola i pružio mi ih. Ja ih refleksno uzeh.

„Možeš li sutra da dovezeš Deklana mojim kolima?"

„Nećeš valjda da pešačiš do kuće? Trebaće ti najmanje pola sata!"

„Previše sam popio, neću da sedam za volan… Prijaće mi svež vazduh."

On mi zarobi pogled na nekoliko sekundi. U njemu je bilo toliko tuge, ali i trunka gneva, koji nikad ništa neće ublažiti.

„Laku noć, Dijan."

„Čuvaj se usput."

Pratila sam pogledom njegovu siluetu sve dok nije nestala u mraku. Bacila sam pikavac u pepeljaru, ušla u kuću i zaključala vrata. Popela sam se na sprat, uzrujana, neraspoložena. Vrata Džuditine sobe se odškrinuše i ona se pojavi na pragu.

„Još spava?", upitah je šapatom.

„Kao klada. Je l' rekao nešto ili je samo tražio da mu vratiš sutra kola?"

„Ništa nije rekao."

„Lepo sam ti rekla da treba da razgovarate…"
„Laku noć, Džudit."
Zavukoh se pod jorgan. Znala sam da dugo neću zaspati. Stalno mi se pred oči vraćao Edvard koji odlazi sam u mrak. I pogled koji mi je uputio. Džudit je bila u pravu, između nas će uvek postojati neka spona, koju ćemo morati što pre da pokidamo kako bismo oboje mogli da nastavimo svoje živote.

Čovek bi pomislio da sam došla u Irsku samo zato da bih naučila šta je porodica. Kad sam sišla na doručak, zatekoh Ebi kako nam, u kućnoj haljini, sprema pravi irski doručak; kuhinja je mirisala na slaninu, jaja, prepečen hleb. Džek, Džudit i Deklan su već sedeli za stolom, samo sam još ja nedostajala. Bilo je, međutim, očigledno da nešto nije u redu.

„Sačekaj, pomoći ću ti", rekoh Ebi.
„Ne, mala moja, nisam invalid!"
„Ne trudi se, i mene je odbila", obavesti me Džudit.
„Dijan", pozva me Deklan plačnim glasom.
Pogledah ga pažljivije: srce mi se cepalo zbog njegovog tužnog izraza lica. On ustade i priđe mi. Bez razmišljanja čučnuh kako bih bila njegove visine.
„Šta ti je?"
„Kad se tata vraća? Zašto nije ovde?"
„Džudit ti je već rekla, zar ne?"
„Ne veruje nam", reče ona.
„Deklane, tata je kod kuće, spava, bio je umoran."
„Je l' to istina?"
„Kunem ti se."

On se onda baci na mene i zagrli me. Zadržah dah. To dete me je teralo da prekoračim svoje granice. Ali za razliku od njega, ja sam bila odrasla osoba, mogla sam da kontrolišem svoje strahove. Kako bilo da bilo, činilo se da sam se pribrala i da mogu da ga podnesem.

„Pogledaj me, Deklane."

On se malo odmakao od mene. Imala sam utisak da sam srela pogled njegovog oca. Oterala sam tu sliku iz glave i usredsredila se na to dete. Obrisala sam mu rukama obraze.

„Nije nigde otišao. Idemo kod njega posle doručka, važi?"

On klimnu glavom.

„Dođi za sto."

On instinktivno sede pored mene. Hrana je već bila u tanjirima, šolje su bile pune. Deklan se zamislio.

„Rekla sam ti da je sve u redu. Veruj mi. A sad jedi."

Dok smo nas dvoje razgovarali, nisam obraćala pažnju šta se dešava. Svi su zurili u nas. Ebi mi se blago nasmeši. Odlučih da ne reagujem i zarih viljušku u kajganu.

Sat kasnije Džudit me pusti da vozim džip. Dok sam se parkirala ispred brvnare, primetila sam Edvarda na plaži sa psom, i sa cigaretom u ustima. Deklan je bio toliko uzbuđen na zadnjem sedištu da je Džudit požurila da mu otvori vrata. On odjuri kao munja ka ocu, koji se okrenuo kad je čuo da ga zove. Deklan mu skoči u naručje i Edvard ga podiže i stegnu na grudi. Onda ga ponovo spusti, čučnu i zagladi mu kosu, pa zapodenu razgovor s njim. Deklan mu je nešto objašnjavao mlatarajući rukama, a Poštar Pet je trčkarao oko njih lajući. Edvard je smirivao psa i u isti mah se osmehivao sinu. To je bio pravi, iskren osmeh. Bio je srećan, opušten i zadovoljan.

Ganuo me je taj prizor, obojica su bili tako lepi, tako dirljivi. Edvard je stvarno postao otac, nisam više sumnjala u to. Bio je nespretan, stidljiv, ali duboko privržen svom detetu. Osećala sam da mu je u tom trenutku najvažnije što je ponovo sa svojim mališanom. Odlično sam ga razumela… Mora da je bio mrtav umoran kad je pristao da nam ga ostavi prethodne noći. Rastanak je, izgleda, obojici teško pao. Džudit je išla prema njima, a ja sam malo zaostala za njom; suze su mi se slivale niz lice. Brat i sestra se poljubiše. Polako sam im prilazila. Džudit potrča a Deklan i Poštar Pet odmah krenuše za njom. Pitala sam se ko je veće dete: ona ili njen bratanac. Prišla sam Edvardu i pružila mu ključeve od džipa. Jedna noć mu nije bila dovoljna da se odmori.

„Nisam ga slupala."

„Verujem ti. Da se prošetamo?"

„Važi."

Prešli smo više od sto metara ne izustivši ni reč, s rukama u džepovima; u daljini sam čula Deklanove vesele usklike i pseći lavež.

„Dođi, tamo ćemo sesti, odande možemo da gledamo kako se Džudit ludira."

Seli smo jedno kraj drugog na stenu koja se uzdizala iznad plaže.

„Kako da znam da se dobro oseća?"

Okrenuh se prema njemu; netremice je gledao sina.

„Dobro se oseća kad ga zagrliš kao jutros, jer zna da ima oca. Kad ne može da zaspi zato što hoće majku, oseća se veoma loše."

„Stvarno mi je žao što si morala to da doživiš."

„Prestani, nije to ono što je važno."

„Šta si mu rekla? Otkako živi sa mnom, jedino te noći nije imao noćne more."

„Ništa naročito, samo sam mu pričala o Klari. To je sve."

Glas me izdade. Zapalila sam cigaretu tresući se. Edvard mi dade nekoliko minuta da se priberem, pa nastavi:

„Ti me jedina ne štediš, zato računam na tebe. Reci mi u čemu grešim. Želim da bude dobro, da zaboravi, neću da završi kao ja."

Uhvatila sam ga za ruku i čvrsto je stegnula, kao da je moja šaka bila potpuno nezavisna od mog uma.

„Utuvi u glavu da nikad neće zaboraviti. Majka se, kao ni dete, ne zaboravlja. Ni u čemu ne grešiš. Ti učiš, to je sve. Nemam da ti dam neki savet. Svi roditelji greše. Treba vam vremena da se prilagodite. Znam samo da te Deklan gleda kao boga i da ga užasava pomisao da te izgubi. Znam kakav si... nisi baš pričljiv, ali trudi se da ga umiriš najviše što možeš. Provodi vreme s njim... Nauči ga da fotografiše, opčinjen je kad te vidi sa foto-aparatom u rukama, to sam juče primetila... I... ako bude završio kao ti, to će značiti da je imao mnogo sreće u životu."

Stegnuh mu još jednom ruku, pa je pustih. Onda sam ustala, sišla sa stene i prišla vodi. Gledala sam

Džudit i Deklana u daljini, svesna da je Edvard iza mene. Duboko udahnuh. Vetar mi je šibao lice. Ova poseta će sigurno ostaviti traga na meni.

„Kad putuješ?", upita me on.

Nisam čula da mi je prišao.

„Prekosutra."

„Svratićemo posle škole da se pozdravimo."

„Ako hoćeš."

On se udalji. Pratila sam ga pogledom dok je išao po sina i psa. Ušli su u kola i nestali u oblaku prašine. Džudit mi priđe, uhvati me za vrat i prisloni glavu na moju.

„Je l' sve u redu?"

„Da kažemo da jeste."

Ostatak dana je proleteo. Džudit i ja smo znale da nam nije ostalo mnogo vremena. Ona je upotrebila najbolje sredstvo protiv tuge: smeh. Za ručkom kod Ebi i Džeka zabavljala nas je pričom o svakojakim glupostima. Kad je došlo vreme da krene nazad u Dablin, otpratih je do kola.

„Nemoj sad opet da se ne čujemo godinama!"

„Volela bih da te posetim u Parizu, ali ne mogu to da ti obećam zbog Ebi. Dakle…"

„Zvaću te telefonom", odgovorih joj. „Obaveštavaj me o njenom zdravlju."

„To mogu."

Džuditin oklop je pukao: ona pogleda uvis, ali nije uspela da sakrije suze. Zagrlila sam je.

„Biće sve u redu, prebrodićeš ti to", šapnuh joj na uvo.

"Stvarno si grozna! Rasplakala si me... Znaš, bez obzira na to s kim živiš... ti si moja..."

"Znam... to važi i za mene..."

Ona se odmakla, ispljeskala se po obrazima i podigla palčeve.

"Hajde, Džudit, priberi se, nisi više klinka!", izgrdila je samu sebe. "Što se mora nije teško!"

"Vozi pažljivo."

Ona prinese ruku čelu kao da salutira, uđe u kola i odjuri.

Poslednji dan sam posvetila Ebi. Zamolila me je da joj sredim nokte i da je isfeniram; i dalje je želela da izgleda lepo, ali ju je bilo stid da to traži od Džudit. Primetila je da sam ponovo počela da se negujem, pa je procenila da sam kao stvorena za taj zadatak. To nas je još više zbližilo. Bile smo u njenoj sobi. Na komodama su stajale Edvardove i Džuditine fotografije iz vremena kad su bili deca. Nisam odolela da se ne nasmejem kad sam ih videla u školskim uniformama.

"Je l' ti drago što si nas posetila?", upita me Ebi dok sam joj mazala nokte, sedeći pored nje na krevetu.

"Oh, da! Ne brini."

"A Edvard?"

"Svratiće posle škole da se pozdravimo, bar je tako juče rekao..."

"I to je sve?"

"Pa jeste..."

Tada nas prekinu Džek, koji me je zvao iz prizemlja. Deklan i njegov otac su upravo stigli. Došlo je vreme rastanka. Ebi me uhvati podruku i pođe sa mnom. Osećala sam na sebi njen ispitivački pogled. U podnožju stepenica me pusti i sede u naslonjač, razmenivši sa Džekom pogled koji nije najavljivao ništa dobro.

„Zdravo", rekoh samo Deklanu i njegovom ocu.

Izbegavala sam Edvardov pogled, bilo mi je lakše da se suočim s pogledom njegovog sina, koji mi priđe da me poljubi.

„Je l' danas bilo dobro u školi?"

„Jeste!"

„Dođi, mali, imam nešto da ti pokažem", pozva ga Džek. Deklan ga posluša. Nisam imala drugog izbora nego da se okrenem prema Edvardu, koji mi reče samo:

„Srećan povratak u Pariz."

„Hvala."

„Ipak je šteta što se vas dvoje niste više viđali", dobaci nam tiho Ebi.

„To je tačno!", umeša se Džek. „Što vas dvoje ne biste otišli u krčmu? Mi možemo da pričuvamo Deklana."

Edvard i ja se pogledasmo.

„Hoćeš?", upita me Edvard.

„Uh… da, sa zadovoljstvom…"

„Tata?"

Nismo primetili da nam je Deklan ponovo prišao.

„Odlaziš?"

Edvard obori ramena, provuče ruku sinu kroz kosu i nasmeši mu se.

„Ne… Ne brini, vratićemo se. Dijan, žao mi je… ostavićemo to za neki drugi put…"

Oboje smo znali da od toga neće biti ništa.

„U redu je, razumem te."

„U stvari… hoćeš da dođeš kod nas na večeru?"

„Oh…"

Moj pogled automatski skrenu na Ebi i Džeka, kao da mi je trebala njihova dozvola. Oni su me netremice gledali, najnežnije i najblagonaklonije što su mogli.

„Ne obaziri se na nas."

„Večeraćeš kod nas?", navaljivao je Deklan. „Reci da hoćeš!"

Primetila sam da je Edvard nežno pogledao sina. To me je navelo da popustim.

„U redu, dolazim."

„Vidimo se uskoro", reče mi Edvard. „Idemo li, Deklane?"

Oni poljubiše Ebi i Džeka i krenuše. Nekoliko minuta sam nepomično stajala nasred dnevne sobe.

„Dođi, malena", pozva me Ebi, otrgavši me od sanjarija.

Zavalila sam se na trosed, a ona brzo ustade, dođe da sedne pored mene i uhvati me za ruku.

„Šta mi to vas dvoje radite?! Pravi ste spletkaroši!"

Džek prsnu u smeh.

„Prvenstveno ona", reče pokazavši na svoju ženu.

„Nisi ni ti bolji!", odvratih mu nasmešivši se. „Šta možemo time da postignemo?"

„Možete da razjasnite stvari", odgovori mi Ebi.

„Možda, ali ovo je poslednje veče koje ćemo provesti zajedno."

Lupkala me je prstima po nadlanici.

„Ti znaš duboko u sebi, Dijan, da bi sve vreme mislila na njih dvojicu kada bi ostala ovde s nama. A mi smo dovoljno uživali u tvom društvu… Ne brini… Osim toga, kad si s njima dvojicom, to je kao da si s nama... uz to, pozitivno utičeš na njih..."

Naslonila sam glavu na njeno rame i iskoristila njenu majčinsku toplinu.

„Nedostajaćeš mi... i to mnogo...", promrmljah.

Džek, koji je stajao iza troseda, spusti mi očinski ruku na glavu.

„I ti nama, mala naša Francuskinjo, ali doći ćeš ponovo..."

„Hoću..."

Sklupčala sam se i priljubila uz Ebi.

Sat kasnije sam ih ostavila, obećavši im da ću uživati u večeri i da se neću sekirati zbog njih. Kad sam bila nadomak brvnare, rešila sam da poslednji put prošetam po plaži pre nego što se pridružim Edvardu i njegovom sinu. Htela sam da se još jednom prepustim tom moru, prizoru, vetru. Prijaće mi da razbistrim misli. Nisam znala šta da očekujem od te večeri. Pomalo sam se brinula što ću ući u Deklanovu i Edvardovu privatnost, bojala sam se sučeljavanja s njihovom svakodnevicom. Trebalo je ipak konstatovati da su Ebi, Džudit i Džek – premda on to nije otvoreno rekao – u pravu: morali smo da probušimo čir kako bismo krenuli dalje. Morali smo da prekinemo vezu koju nismo mogli i nikada nećemo moći da započnemo.

Dok sam išla ka brvnari, dobila sam poruku od Olivjea: „Lepo provedi poslednje veče u Irskoj, vidimo se sutra, ljubim te."

„Hvala... Jedva čekam da te vidim. Ljubim te", odgovorila sam mu pre nego što sam pokucala na vrata.

Otvorio mi je Deklan, u pidžami, sa širokim osmehom na usnama. Uhvatio me je za ruku i poveo ka dnevnom boravku; koračala sam na jedvite jade. Poštar Pet me takođe radosno dočeka. Televizor je bio uključen, podešen na kanal s crtanim filmovima; Edvard je pripremao večeru za kuhinjskim pultom. Pogledao me je, ali nisam mogla da pogodim kako je raspoložen.

„Jesi li se oprostila od plaže?"

„Jesam..."

„Dolaziš li, Dijan?"

Deklan me je vukao za ruku.

„Za dva minuta."

On slegnu ramenima i skoči na trosed, zajedno sa psom. Ja sedoh za pult, preko puta Edvarda.

„Nisi morao da me pozoveš na večeru."

„Da li sam ikada nešto uradio samo zato što moram?", odvrati mi on ne gledajući me.

„Mogu li da ti pomognem?"

Zaronio je pogled u moj.

„Pročitaj Deklanu neku priču dok ja dovršim pripremanje večere."

„Ne, zamenićemo se, tako je bolje za vas dvojicu."

„Nećeš valjda ti da spremaš večeru?!"

„Nema potrebe da budemo formalisti... ne priliči nam."

Obišla sam oko pulta, skinula mu kecelju i odgurala ga u dnevnu sobu. Odmahnuo je glavom, pa uzeo knjigu iz dečakove školske torbe. Deklan pokuša da se pobuni, ali ga očev izraz lica odvrati od te namere. Slušajući tih i promukao glas, koji me je umirivao, dovršila sam pripremanje obroka i postavila sto. Edvard nije žurio kako bi bio siguran da Deklan sve razume; zapanjilo me je njegovo strpljenje. Kad je večera bila spremna, prošla sam pored njih, ne prekidajući ih, i izašla na terasu da popušim cigaretu. Dva minuta kasnije, staklena vrata se otvoriše: Edvard mi se pridružio s cigaretom u ustima.

„Nadam se da se ne ljutiš: morao sam mu obećati da ćeš sedeti pored njega."

„Nema problema."

Razgovor se završio na tome. Osim zvuka vetra i talasa, čulo se samo pucketanje duvana koji sagoreva. Bilo je još prerano da kažemo jedno drugom sve što nam leži na srcu. Uostalom, ni Deklan nas neće pustiti to da uradimo. Došao je da nas pozove: krčala su mu creva.

Za stolom je on bio zadužen za razgovor. Održao je monolog o tome šta je radio s drugarima u školi, a onda me je upitao:

„Je l' istina da sutra putuješ?"

„Da, imam avion."

„Zašto? Nije fer…"

„Došla sam na odmor, ja živim u Parizu, tamo radim, sećaš se?"

„Da… tata, je l' možemo jednoga dana da odemo kod Dijan?"

„Videćemo."

„Ali, tata! Za vreme raspusta!"

Edvard se smrknu.

„Deklane", rekoh mu. „Imaš ceo život pred sobom da me posetiš u Parizu. Slažeš li se?"

On je nešto progunđao, popio jogurt i otišao, bez reči, da baci praznu čašu u kantu za đubre. Potom je, dureći se, seo na trosed. Edvard ga je posmatrao, napet, zabrinut. Zatim i on ustade od stola i sede preko puta sina. Prošao mu je rukom kroz kosu.

„Zar si zaboravio da je Ebi bolesna? Moramo da brinemo o njoj i pomažemo Džeku, zato ne mogu da te odvedem u Pariz kod Dijan."

„Ali ti si išao…"

„To je tačno, ali nije trebalo da idem…"

Deklan obori glavu, a Edvard duboko udahnu.

„Vreme je za spavanje."

Njegov sin naglo podiže glavu.

„Ne! Neću da idem na spavanje, tata!"

Dečaka obuze zebnja, izobličivši mu lice.

„Nemaš izbora, sutra se ide u školu."

„Molim te, tata! Hoću da ostanem s vama."

„Ne. Idi da se pozdraviš sa Dijan."

On skoči s troseda, pritrča mi i zagrli me oko struka, plačući. Duboko sam disala. Edvard, koji nije znao šta da radi, upiljio se u mene, a onda se uhvatio za glavu.

„Dijan, neću da idem u krevet, neću, neću…"

„Slušaj me, tvoj tata je u pravu. Moraš da ideš na spavanje."

„Ne", zajeca dečak.

Pogledala sam Edvarda; nije više mogao da izdrži, nije više imao snage da se bori. Bila im je potrebna pomoć, a ja sam bila tu…

„Hoćeš da pođem s tobom, kao pre neki dan?"

On me stegnu jače: njegov odgovor je bio jasan.
„Idemo."
Onda se zaputi na sprat ne pogledavši oca.
„Nešto si zaboravio!", opomenuh ga.
On se okrenuo, pritrčao Edvardu i bacio mu se u naručje. Ostavila sam ih same i popela se u njegovu sobu. Čula sam kako se penje stepenicama sitnim koracima, a zatim i kako pere zube. Za to vreme sam upalila svetiljku, zategla posteljinu, pošto krevet nije bio namešten, i izvukla šal njegove majke, sakriven ispod dušeka. Kad je ušao u sobu, zavukao se pod jorgan. Kleknula sam pored njegovog kreveta i pomilovala ga po čelu i licu.

„Deklane, tata za tebe čini sve što može... zna da ti je teško... treba da mu pomogneš, ovo što tražim od tebe nije lako... ali moraš da ga pustiš da spava u svom krevetu. Ti si hrabar dečak... tata te nikad neće napustiti... On je uvek kod kuće kad ti spavaš... Obećaj mi da ćeš pokušati."

On klimnu glavom.
„Želiš li da ti otpevam uspavanku?"
„Kad se vraćaš?"
Nagnuh glavu na jednu stranu, malo se nasmešivši.
„Ne znam... Ne mogu ništa da ti obećam."
„Hoćemo li se ponovo videti?"
„Jednoga dana... A sad spavaj."
Otpevala sam mu uspavanku nekoliko puta, milujući ga sve vreme po kosi. Njegove okice su se neko vreme borile, a onda se zatvoriše. On je takođe bio iscrpljen. Kad sam osetila da se smirio, poljubih ga u

čelo i ustadoh. Pre nego što sam zatvorila vrata, pogledala sam ga još jednom, uzdahnuvši.

U dnevnoj sobi nije više bilo tragova večere, staklena vrata su bila odškrinuta, u kaminu je gorela vatra, a Edvard je stajao pored s cigaretom u ustima. Videlo se da je napet kao struna.

„Spava", prošaputah. „Pokušala sam da mu objasnim kako i ti moraš da spavaš u svom krevetu."

On zažmuri.

„Ne znam kako da ti zahvalim."

„Nema potrebe za tim... ali ako imaš ginis u frižideru, neću odbiti. Popila bih još jedan pre nego što se vratim u Pariz."

„Zar ga u Francuskoj nema?", upita me podrugljivo.

„Sigurna sam da nema isti ukus kao ovde."

Nekoliko minuta kasnije pružao mi je kriglu. Nismo se kucnuli. Edvard je seo na trosed. Ja sam ostala pored kamina i zapalila cigaretu. Trudila sam se da ga ne gledam, iako sam osećala da ne odvaja pogled od mene. Primetila sam katalog na jednoj polici. Znatiželja je bila jača od mene.

„Ovo su tvoje fotografije?"

„Da."

„Mogu li da pogledam?"

„Ako ti to pričinjava zadovoljstvo."

Bacila sam opušak u vatru, odložila kriglu na stočić, uzela katalog i sela u naslonjač preko puta Edvarda. Krenula sam pažljivo da prelistavam album. Zapanjila sam se kad sam videla prve fotografije.

„Ovo na početku su Aranska ostrva?"

„Imaš dobro pamćenje."

Želudac mi se stegnuo kad sam prepoznala svoju siluetu na jednoj slici.

„Kako bih mogla da zaboravim?", odvratih sasvim tiho.

Nastavila sam da gledam fotografije. Na svakoj se jasno videlo njegovo raspoloženje. Imala sam utisak da taj album priča priču, da je foto-roman u doslovnom smislu te reči. Početak je bio svetao i vazdušast, u predelima na fotografijama moglo je da se diše. Ali onda je atmosfera postala sumorna: nebo je na svakoj bilo mračno, prekriveno crnim oblacima, more razulareno, bura je šibala brodove. A onda su se pluća ponovo polako otvarala, sunčev zrak je obasjao najpre more, a zatim i nebo. Na poslednjoj slici bila je senka deteta koje trči po plaži, s talasima koji ližu stopala glavnog junaka. Treba li da vam kažem da je to bila Deklanova senka?! Edvardov album je bio priča o onome kroz šta je prošao poslednjih meseci. Kao da je s tim fotografijama pokušao da prevaziđe iskušenja i okrene stranicu. Zadubljena u „čitanje", nisam ni primetila da je ustao i vratio se do kamina; sada mi je bio okrenut leđima. Vratila sam album na mesto i popila ginis kako bih se pribrala od uzbuđenja. Onda sam smogla snage da mu priđem.

„Edvarde... žao mi je što sam onako naglo otišla. To nije bilo u redu prema tebi. Izvini."

On se okrenuo i pogledao me pravo u oči.

„Ne treba da ti bude žao", reče grubo. „Dobro je što si upoznala mog sina, sad znaš šta mi je na prvom mestu. Izgradila si novi život sa Olivjeom, drago mi je zbog toga."

Glas ga izdade. U grlu mi se stvarala knedla. Pogled mu je postao prodorniji, a glas blaži kad je nastavio:

„Donela si ispravnu odluku. Tu je Deklan... Nismo imali zajedničku budućnost."

Bio je potpuno u pravu: na kraju bismo se rastali. Nekoliko sekundi ostali smo nepomični. Duboko je udahnula.

„Kasno je, bolje da se vratim."

„Sve smo rekli jedno drugom."

„Mislim... da jesmo."

Izašao je sa mnom u predsoblje.

„Da te otpratim do kola?"

„Ako hoćeš."

Ošinu nas snažan vetar; bio je mrkli mrak. Otvorila sam vrata automobila i bacila tašnu na suvozačko sedište.

„Džudit će te obaveštavati kako je Ebi."

„Hvala... Čuvaj se, Edvarde."

„Pokušaću..."

Ne rekavši ništa više, ušla sam u kola. Pogledali smo se poslednji put: bilo je gotovo. On je zapalio cigaretu i sačekao da krenem, pa se vratio u kuću.

Ebi i Džek su već bili u krevetu kad sam stigla. Popela sam se u svoju sobu, tiho spakovala stvari i legla; pouzdano sam znala da neću moći odmah da zaspim. Olakšanje i tuga borili su se za prvo mesto na lestvici osećanja koja su me obuzela. Sada je bilo jasno kako stoje stvari između Edvarda i mene: presekla sam pupčanu vrpcu koja me je vezivala za njega. Radost što ću ponovo videti Olivjea ublažavala je osećaj da je naš odnos ostao nedorečen. Edvard i ja nismo ni bili u vezi. Na kraju utonuh u san.

Buđenje je bilo teško: obuzela me je potištenost čim sam otvorila oči. Kad sam se istuširala i obukla, skinula sam posteljinu s kreveta kako bih je stavila u mašinu za pranje. Nakon što sam sredila sobu, sišla sam s putnom torbom u ruci. Ebi me je dočekala sa širokim osmehom i obilnim doručkom. Prisiliću se da jedem zbog nje; u najgorem slučaju, povraćaću usput. Poljubila sam je u oba obraza.

„Jeste li lepo proveli veče?", upitah je.

„Naravno. A ti? Kako si se provela s Edvardom i Deklanom?"

„Baš je bilo lepo."

„Ne želiš da pričaš o tome?"

„Nema bogzna šta da se kaže…"

„Ne moraš da pričaš ako ne želiš", umeša se Džek. „Zar ne, Ebi?"

„Dođi da se okrepiš pred put", reče mi ona, uhvativši me podruku.

Uzalud smo se trudili da naš poslednji zajednički obrok protekne u veseloj atmosferi; nismo uspeli.

„Treba li ti nešto za put? Nešto za jelo? Za piće?"

„Hvala ti, Ebi, ali ne… Idem… Što više otežem, to će biti gore…"

Džek ustade prvi. Uzeo je sve moje stvari i izašao. Ebi i ja se pogledasmo.

„Hoćeš li mi pomoći, malena?"

Obišla sam brzo oko stola i uzela je podruku. Dok smo išle, lupkala me je po šaci. Zauzdavala sam suze. Prebrzo smo stigle do kola. Džek mi priđe i raširi ruke.

„Mala moja Francuskinjo", uzdahnu privukavši me k sebi. „Čuvaj se."

„Obećavam da hoću", rekoh šmrknuvši.

„Ona te čeka."

Pustio me je, pa izvadio ogromnu maramicu iz džepa i obrisao oči i nos. Okrenula sam se prema Ebi, koja me pomilova po obrazu.

„Sve smo već rekle jedna drugoj, malena moja."

Ja klimnuh glavom; nisam mogla da izustim ni reč.

„Obećaj mi još nešto: nemoj da budeš tužna kad odem, nemoj da plačeš. Ne treba da pokvarimo ovaj ponovni susret, imale smo vremena da se pripremimo."

Pogledala sam uvis, pa obrisala oči i snažno udahnula.

„Nemoj da moram da lažem Kolena i Klaru da si dobro, da si srećna, da mogu da budu ponosni na tebe. Jesmo li se razumele?"

Samo je snažno stegnuh u zagrljaj i šapnuh joj na uvo da je volim kao da mi je rođena majka. Ona me suznih očiju pomilova po obrazu, a onda me pusti. Ušla sam u kola ne pogledavši ih i krenula ne okrećući se. Vozila sam desetak kilometara pre nego što sam se zaustavila pored puta da se isplačem.

Pravo je čudo kako nisam izazvala saobraćajnu nesreću na putu do dablinskog aerodroma. Neprestano sam plakala tokom četvoročasovne vožnje, plakala sam i dok sam vraćala iznajmljeni automobil, čekirala prtljag, prolazila bezbednosnu kontrolu, pisala poruku Olivjeu kad sam sela u avion. Kad smo poleteli, imala sam osećaj da sam rastrgnuta, da su me otrgli od rodne grude. Nekako se pribrah i smirih. Čovek koji me je čekao u Parizu nije zaslužio da me vidi u tom stanju. Da bih izgledala spokojnije – bolje rečeno, da bi mi lice delovalo manje naduveno – iskrcala sam se među poslednjima i svratila u toalet, gde sam ispljuskala lice hladnom vodom i našminkala se; tek onda sam uzela putnu torbu s pokretne trake. Vrata carinarnice se otvoriše. Bio je tu, nasmejan, delovao je umirujuće, čekao me je. Potrčala sam i bacila mu se u naručje, ne zato što sam naterala sebe da to uradim ili da bih odglumila radost, već zato što sam želela da budem u njegovom naručju. I dalje sam osećala tugu zato što sam otišla iz Malrenija, i znala sam da ću je uvek osećati, ali sam pored Olivjea malo lakše disala.

8

Život se već narednog jutra nastavio uobičajenim tokom. Spavala sam kod Olivjea i probudila se odmorna. On me je otpratio do kuće i odneo mi putnu torbu u stan, a ja sam ostala u *Srećnim ljudima*. Nisam morala da tražim od njega da me ostavi samu: sam je shvatio. Prvo olakšanje: sve je bilo u najboljem redu. Kafe je bio čist i Feliks nije ništa upropastio za vreme mog odsustva. Mora da se silno obuzdavao, verovatno će tražiti nadoknadu ili nagradu! Drugo olakšanje, ništa manje važno: lepo sam se osećala i bila sam uzbuđena zbog pomisli da ću ponovo početi da radim. Moj boravak u Irskoj nije presekao pupčanu vrpcu između mene i *Srećnih ljudi*.

Olivje je pokucao na zadnja vrata i ja odoh da mu otvorim.

„Hvala", rekoh mu, a onda ga poljubih. „Imaš li vremena da popijemo zajedno kafu?"

„Kakvo pitanje!"

Seli smo za šank, jedno pored drugog. Olivje me je okrenuo prema sebi, pomilovao po obrazu i uhvatio za ruku.

„Jesi li dobro?"
„Da, veruj mi."
„Znači, nisi zažalila?"
„Nijedne sekunde."
„Baš mi je drago... A taj dečak?"
„Oh... Deklan... kontrolisala sam se bolje nego što sam očekivala."
„Možda zato što poznaješ njegovog oca."
„I celu njegovu porodicu... Ne znam... sladak je... Ali još će patiti... Ebi je preuzela ulogu njegove bake... kada bude otišla..."

Glas me izdade.

„Ne razmišljaj o tome."
„U pravu si."
„Najvažnije je da si ponovo uspostavila vezu s prijateljima. Sada je na tebi da je održavaš."

Popio je kafu i spremio se da krene.

„Ništa mi drugo ne preostaje!"

Ispratih ga napolje priljubljena uz njega.

„Hoćeš da odemo večeras u bioskop?", predložio je.
„Zašto da ne! Ali spavamo kod mene."
„U redu."

Olivje me poljubi, pa se zaputi u ordinaciju.

Kao što sam i očekivala, Feliks je dao sebi slobodno prepodne. Stigao je, bez žurbe, oko tri.

„Gazdarica je rasterala goste! Kad sam ja ovde vodio glavnu reč, bilo je više sveta."

„I meni je drago što te vidim, Felikse."

On me cmoknu u obraz, nasu sebi kafu, nalakti se na bar i zagleda se u mene.

„Šta to radiš?", upitah ga.

„Procenjujem situaciju…"

„I? Kakav je zaključak?"

„Spoljašnost prolazi tehničku kontrolu. Juče si sigurno toliko plakala da si se strovalila u krevet kao klada. Zato sad imaš našminkane, a ne crvene oči. Ali za unutrašnjost… nisam baš siguran da je u ispravnom stanju…"

„Ne krijem da je bilo teško oprostiti se od Ebi. Nikad je više neću videti… Shvataš li ti to?"

On klimnu glavom.

„Što se ostalog tiče, odlično se osećam, bila sam na svežem vazduhu, smejala se kao luda sa Džudit. Ukratko, baš sam uživala!"

„A Edvard?"

„Šta Edvard? Gura nekako, sve smo razjasnili. To je dobro."

„Hoćeš mi reći da nisi podlegla njegovom sirovom i divljem šarmu po drugi put?"

„Felikse, on je otac."

„Upravo zato. Baš bih voleo da sam dadilja, mora da je neverovatno seksi kad je sa svojim klincem."

Prevrnuh očima.

„Zaboravljaš jedan detalj: imam Olivjea, volim Olivjea."

„Dobar odgovor, sad si me umirila!"

* * *

Narednih nedelja vratila sam se u svakodnevnu rutinu; *Srećni ljudi* su ispunjavali moja očekivanja, Feliks je bio u odličnoj formi i bilo mi je lepo s Olivjeom. Povrh toga, jednom nedeljno sam razgovarala telefonom sa Ebi i Džudit. I to me je ispunjavalo radošću, tako su mi manje nedostajale.

Izvalili smo se na trosed u Olivjeovom stanu i gledali televiziju. Ja sam dremuckala u njegovom naručju, potpuno nezainteresovana za film koji je on pomno pratio.

„Idi da spavaš", reče mi najzad.

„Nemaš ništa protiv?"

„Svašta s tobom!"

Poljubila sam ga u vrat, svratila nakratko u kupatilo i legla u krevet. Nisam još čvrsto spavala kad se Olivje zavukao pod jorgan i privukao me k sebi.

„Nisi gledao do kraja?"

„Znam kako se završilo. Jesi li podesila buđenje na satu?"

„Sranje!"

„Šta je bilo?"

„Opet sam zaboravila torbu ispod šanka u *Srećnim ljudima*. Moraću da svratim do stana da se presvučem pre nego što otvorim kafe."

Uzela sam telefon s noćnog stočića i pomerila buđenje za dvadeset minuta ranije. Ponovo sam legla, gunđajući.

„Dijan?"

„Molim?"

„Možda bismo mogli da potražimo stan?"
„Hoćeš da živimo zajedno?"
„Može i tako da se kaže! Slušaj, svake noći smo zajedno, a nismo više u godinama kada se isprazni jedna fioka da bi onaj drugi imao gde da stavi stvari."
„Znaš li da to obično žene traže od muškaraca?"
„To progovara moja ženska strana! Šta misliš o tome?"
„Možda si u pravu..."
Zašto odlagati tu novu etapu? Iskreno iznenađen, Olivje se nagnu nad mene sa širokim osmehom na usnama. Obradovala sam ga...
„Ne šališ se? Hoćeš da živiš sa mnom?"
„Da!"
On me poljubi pa prisloni čelo na moje. Toliko je bio pažljiv prema meni da sam se uvek osećala kao neka lomljiva stvarčica.
„Mislio sam da nisi spremna... Izabraćemo stan za sebe."
„Biće nam lepo..."

Nekoliko dana kasnije Olivje je sedeo u *Srećnim ljudima*, proučavao oglase i zvao agencije za izdavanje stanova u toj četvrti. Podvlačio je, pravio spiskove, nervirao se zbog lažnih oglasa i oduševljavao kada bi nam zakazao obilazak. Imao je težak zadatak; zainatio se da nam pronađe stan u kraju... Da bi meni bilo lakše.
„Imamo problem", saopšti mi.
„Kakav?"
„Svi obilasci su subotom."
„Ah..."
„Da, baš tako!"

Isto smo reagovali: okrenusmo se ka Feliksu, koji je gutao bombonu za bombonom. Odvikao se od pušenja, ali se i dalje nije odvajao od cigareta! „Samo se pripremam", objašnjavao mi je samouvereno. Kada je primetio da zurimo u njega, on podignu jednu obrvu i ubaci bombonu u usta.

„Šta ste to smislili?"

„Dijan je potrebna jedna usluga."

„To se plaća…"

„Molim te, Felikse", rekoh. „U subotu obilazimo stanove."

„*No problem!* Birajte gnezdo natenane! Samo da već jednom ode iz onog ćumeza! Ali ako radim u subotu, brišem sad odavde!"

On proguta poslednju bombonu pa priđe Olivjeu i zagrli ga.

„Da nema tebe, ne znam kako bih je nosio na grbači!"

„E pa sad ga pretera!" – iznervirala sam se.

„Volim te, Dijan!"

On odskakuta napolje.

„Valjda ćemo pronaći ono što tražimo", rekoh Olivjeu.

„Nadam se! Jesi li stvarno sigurna da to želiš?"

„Da!"

„Neće ti nedostajati tvoj stan?"

„Naravno da hoće, ali želim da pređemo na sledeću etapu."

Nagnula sam se preko šanka i poljubila ga. Moraću da nastavim da prelazim etape, iako sam na trenutke govorila sebi da previše žurim; možda sam pristala na taj korak zato što mi je tako bilo udobnije i lakše, zato što sam želela da sve ostane jednostavno, da izbegnem sukobe, nisam htela da uzmaknem. To sam sama sebi zabranila. Sa Olivjeom mi je bilo lepo, sve je išlo glatko, bez trzavica.

Naredne večeri je stigao upravo u trenutku kad sam se spremala da pozovem Ebi. Došao je iza šanka da me poljubi.

„Jesi li lepo proveo dan?", upitah ga.
„Odlično. Hoćeš li uskoro da zatvoriš?"
„Najpre ću telefonirati Ebi."
„Naravno."
„Sipaj sebi pivo."

Nisam krišom zvala Irsku. Znao je da mi je stalo do Ebi i da moram da razgovaram s njom. To mu nije smetalo. Sela sam pored kase i nalaktila se na šank. Olivje je seo s druge strane i krenuo da prelistava neki časopis. Okrenula sam Ebin i Džekov broj, koji sam znala napamet. Prošla je čitava večnost pre nego što je neko podigao slušalicu.

„Da!"

To nije bio ni Ebin ni Džekov glas. Žmarci mi prođoše kroz kičmu.

„Edvarde... ovde Dijan."

Videh krajičkom oka da je Olivje malo podigao glavu sa časopisa.

„Kako si?", upita me on, nakon što je nekoliko sekundi ćutao.

„Oh... dobro, a ti?"
„Nije loše..."

Čula sam Deklanov glas u pozadini i nasmešila se.

„A tvoj sin?"

„Bolje... znaš... učim ga da fotografiše..."

„Stvarno? To je divno... Ja..."

Ugrizoh se za jezik da ne bih glasno rekla kako bih baš volela da ih vidim zajedno sa foto-aparatima. Ta želja, skrivena duboko u meni, izronila je na površinu i iznenadila me svojom snagom...

„Ko je to, tata?"

Edvard uzdahnu u slušalicu.

„Dijan."

„Hoću da pričam s njom. Dijan! Dijan!"

„Edvarde, reci mu da ga ljubim, ne mogu još dugo da razgovaram. Je l' Ebi tu?"

Samo sam htela da se zaštitim: imala sam vremena napretek.

„Legla je, ali daću ti Džeka. Čujemo se uskoro."

Kad sam započela razgovor s Džekom, čula sam kako Edvard smiruje Deklana, koji nije shvatao zašto jedino on ne može da razgovara sa mnom. Otac mu objasni da mi se žuri i da sam sa svojom porodicom u Parizu. Distanca je ponovo bila uspostavljena, stvari su vraćene na svoje mesto. Prestala sam da ih slušam i usredsredila se na vesti o Ebi. Džek mi je rekao da je poslednjih dana malaksala. Osećala sam zabrinutost, ali i rezigniranost u njegovom glasu.

„Reći ću joj da si zvala, izgrdiće me što je nisam probudio! Mnogo joj prijaju razgovori s tobom."

„Pokušaću ponovo sutra da je dobijem. Poljubi je u moje ime. Ljubim te, Džek."

„I ja tebe, mala moja Francuskinjo."

Spustila sam slušalicu. Otkako sam se vratila, pre nešto više od mesec dana, sada sam prvi put poželela da se nalazim negde drugde. Želela sam da negujem Ebi.
„Dijan?"
„Spava, izgleda da nije baš najbolje."
Uzdahnuh.
„Pozvaću je sutra, možda ću imati više sreće... Pričaj mi o stanovima, to će mi skrenuti misli!"

Dok sam sutradan razgovarala s Ebi, imala sam loš predosećaj. Nije bila tako slaba kako sam očekivala, ali je dobar deo vremena iskoristila da mi da niz saveta: „Vreme će učiniti svoje, smeši se, ne plači, slušaj svoje srce", oslovljavajući me u svakoj rečenici sa „malena moja", s mnogo ljubavi i nežnosti.

Samo što sam se okrenula, stigla je subota. Maratonski obilazak stanova počeo je rano i iznurio me. Tu je bilo svega i svačega. Olivje je prikupio svu dokumentaciju koja nam je bila potrebna, ja sam mu samo dala nekoliko dokumenata koji su se odnosili na mene. Dok se on trudio da nas predstavi vlasnicima u što boljem svetlu, ja sam tumarala po našem potencijalnom budućem domu. Mnogo mu se dopao jedan stan u četvrti Tampl, bilo je lepo videti njegovo oduševljenje. Nisam imala zamerke, stan je bio savršen: dve sobe, minijaturan balkon i pogled koji nisu zaklanjale druge zgrade, zasebna kuhinjica i renovirano kupatilo s tuš-kabinom.

Na Olivjeovu ogromnu radost, bio je slobodan. On me uhvati podruku i povede u ugao dnevne sobe.

„Šta misliš?"

„Lepo je."

„Nije previše daleko od *Srećnih ljudi*?"

„Mogu valjda da pešačim deset minuta!"

Na licu mu se ogledala sumnja. Uzela sam mu fasciklu sa dokumentima iz ruku i pružila je agentu za nekretnine.

„Kada možemo da dobijemo odgovor?"

„Sledeće nedelje."

„Odlično, čekamo vaš poziv."

Onda sam uhvatila Olivjea za ruku, bacila još jedan pogled na dnevnu sobu i povela ga ka liftu.

„Vidiš? Gotovo je!"

Poljubih ga od sveg srca, između ostalog i zato da bih ućutkala strepnju koja je počinjala da me obuzima. Stigli smo mirno do *Srećnih ljudi*, držeći se za ruke i razgovarajući o opremanju stana, kao svaki normalan par. Olivjea je u tom trenutku pozvao neki prijatelj i on je ostao na pločniku kako bi se javio. Pre nego što sam se podvrgla Feliksovom ispitivanju, pripremila sam sebi kafu.

„Dali smo dokumenta, ubrzo ćemo saznati da li je sve u redu."

„Auuu! Ne mogu da verujem. Odlučila si se na taj korak!"

„Aha!"

Netremice me je gledao.

„Jesi li zadovoljna?"

„Osećam se pomalo čudno. Živeću s muškarcem koji nije Kolen."

„To je tačno, ali ti ga voliš."
„Upravo tako."
Kad nam se Olivje pridružio, sa širokim osmehom na usnama, i kad je prišao da me poljubi, rekoh sebi kako ne treba više da postavljam sebi gomilu pitanja: bila sam spremna za njega. Konačno sam pronašla mir.

Iste te večeri ponovila sam to sebi još jednom. Bili smo pozvani na večeru kod njegovih prijatelja koji su nedavno postali roditelji. Moji nervi su od prve sekunde bili na velikoj probi zbog bebinog gugutanja. Nisam mogla da podnesem tu sliku savršene male porodice, a znala sam i zašto. Podsećala me je na moju prodicu s Kolenom i Klarom. Bili su bezbrižni, srećni, nije im padalo na pamet da u trenu sve može da se okrene naglavačke. Život je hteo da upoznam muškarca koji se nije opterećivao očinstvom i prenošenjem genetskog nasleđa na potomstvo. Imala sam sve što mi je bilo potrebno. Ali tada shvatih da bih radije bila u društvu ljudi koje život nije štedeo – to me je podsticalo da se pokrenem.

Kad su stavili bebu da spava, mogla sam da se opustim i uživam u toj večeri ne opterećujući se mračnim mislima. Bar smo bili kod roditelja koji ne drže sve vreme dete u rukama. Olivje im je saopštio veliku novost. Nisu krili radost i svi zajedno smo nazdravili našem budućem stanu. Ponudili su se da nam prebace kutije. Zadirkivali su Olivjea: dve selidbe za manje od šest meseci, stvarno preteruje! Obećala sam im besplatnu turu pića umesto nadoknade. Olivje je primetio da sam se uzvrpoljila i nagnuo se ka meni:

„Idi da pušiš, niko ti neće zameriti."

„Hvala…"

Uzela sam cigarete i telefon iz tašne i izvinila se svima. Morala sam da izađem na ulicu i dobijem svoju dozu nikotina. Imala sam propušten poziv od Džudit. Javila se čim je telefon zazvonio.

„Kako provodiš subotnje veče?"

„Na večeri kod Olivjeovih prijatelja. Proslavljamo predstojeće useljenje u stan!"

„Šta? Živećeš s njim? To je, dakle, stvarno ozbiljno?"

„Izgleda… A ti? Šta planiraš da radiš večeras?"

„Šta misliš gde sam?"

Nasmejah se.

„Provodim se u krčmi u Malreniju", potvrdi ona moju pretpostavku.

„Baš lepo. Znači da je sve u redu?"

„Da, Ebi je proteklih dana bila umorna, ali je sada opet sve po starom. Uplašili smo se bez razloga."

„Iskoristi priliku. Popij jedan ginis i za mene!"

„Popiću i više od jednog. Čujemo se kasnije!"

Nije još ni prekinula vezu, a već je, nadjačavši veseli žagor u krčmi, naručila kriglu piva. Pozavidela sam joj zbog toga.

Vratila sam se da zauzmem svoje mesto za stolom.

Dobili smo pozitivan odgovor u vezi sa stanom. Za nedelju dana ćemo potpisati ugovor i uzeti ključeve.

Sve se odvijalo vrtoglavom brzinom, a ja sam samo pratila Olivjea, koji je i dalje brinuo o svemu. Ono za šta je trebalo nekoliko dana uspevao je da obavi samo za dan, žonglirajući između pregleda, sređivanja papira i priprema za selidbu, dok sam ja sve vreme posvećivala *Srećnim ljudima*. Čovek bi pomislio da se moje zalaganje na poslu udvostučilo: neprestano sam mislila na kafe, u njemu sam provodila svako veče, ostajući svakoga dana sve duže i duže. Nisam li tako bežala od pravih problema? *Srećni ljudi* su bili moj dom, mesto koje je bilo samo moje, gde sam mogla da se resetujem. Brižljivo sam izbegavala bilo kakav razgovor s Feliksom. On je bio stručnjak za sipanje soli na ranu. Preispitivanje moje odluke nije dolazilo u obzir.

Tog ponedeljka smo celo veče pakovali kutije u Olivjeovom stanu. Bilo je nečeg dobrog u tome što smo se za selidbu pripremali uveče, posle posla: nisam imala vremena da razmišljam o onome na šta se obavezujem. Morala sam ipak da primetim kako ne delim njegov zanos i žar zbog pomisli da ćemo živeti zajedno. Uspomene su navirale: u vreme kad sam se useljavala u stan s Kolenom bila sam ushićena, nisam razmišljala ni o čemu drugom, bila sam opsednuta time. A ipak sam danas bila ubeđena da dovoljno volim Olivjea da bih išla do kraja. Trebalo je da prihvatim činjenicu da sam sazrela, da ljubav sa dvadeset pet godina ne može da se poredi sa onom u trideset petoj, pogotovo ako smo već imali porodicu.

Oboje smo se strovalili u krevet i zaspali kao klade. Probudio nas je, međutim, moj mobilni telefon, koji je zazvonio usred noći. Napipah ga na noćnom stočiću i uzeh. Kroz poluzatvorene kapke pročitala sam „Džudit" na displeju i shvatila šta se desilo. Kad sam se javila, najpre sam čula njen plač.

„Dijan... Gotovo je..."

„Oh, Džudit..."

Rekla mi je da se Ebi nije mučila, da je do kraja imala osmeh na usnama i da je mirno zaspala dva dana ranije u Džekovom naručju. Njemu je ostavila poruke za sve nas: za Džudit, Edvarda, Deklana i mene. Kad sam čula da je Ebi na samrti mislila i na mene, krenu mi prva suza.

„Izvini što te zovem ovako kasno, ali tek sam sad našla malo vremena. Treba sve organizovati..."

„Ma u redu je. Gde si?"

„U njihovoj kući, ne želim da ostavim Džeka, a Edvard je s Deklanom."

„Pokušaj da spavaš, pozvaću te sutra. Volela bih da sam s tobom..."

„Znam... Svima nam nedostaješ..."

Prekinula je vezu. Sela sam na krevet i zajecala. Olivje me zagrli kako bi me smirio. Očekivala sam da Ebi umre, znala sam da to mora da se desi, ali me je bolela pomisao da neće više kontrolisati svoj mali svet, da neće više brinuti o svima. Džek je izgubio srodnu dušu.

„Žao mi je", prošaputa Olivje. „Šta mogu da učinim?"

„Ništa."

Poljubio me je u čelo. Iako me je privukao k sebi i ljuljuškao, osećala sam se kao da sam sama, i želela sam da budem negde drugde.

„Moram da pozovem Edvarda."

Izvukla sam se iz Olivjeovog zagrljaja, ustala, navukla džemper i zaputila se u dnevnu sobu, okrećući usput Edvardov broj. Javio se čim je telefon zazvonio.

„Dijan", reče uzdahnuvši. „Očekivao sam tvoj poziv..."

Osećala sam potrebu da te čujem, pomislih.

„Evo me, tu sam..."

Čula sam kako pali cigaretu i povlači prvi dim. Uradila sam to isto. Pušili smo zajedno, svako u svojoj domovini. Čula sam vetar.

„Gde si?", upitah ga.

„Na terasi."

„A Deklan?"

„Upravo je zaspao."

„Kad je sahrana?"

„Prekosutra."

„Tako brzo?"

„Džek ne želi da se odugovlači... Spreman je."

„Doći ću..."

„Ne moraš sve da ostaviš da bi bila s nama, mada bih..."

„Mesto mi je uz vas i niko me neće sprečiti da dođem."

„Hvala ti. Deklan se probudio, plače..."

„Pozovi me kada ponovo zaspi, javiću se, bez obzira na to koliko bude sati. Potražiću avionsku kartu."

„Dijan... ja..."

„Idi kod sina."

Prekinuh vezu i upiljih se u telefon. Ostala sam tako nekoliko dugih sekundi, a onda sam primetila da je i Olivje došao u dnevnu sobu i da mi je doneo pepeljaru.

„Mogu li da pozajmim tvoj kompjuter?"

„Šta ćeš da radiš?"

„Moram da nađem avionsku kartu za sutra."

„Šta?!"

„Moje mesto je na Ebinoj sahrani. Nikada neću oprostiti sebi ako ne odem."

„Shvatam…"

On ode po kompjuter i sede pored mene na trosed.

„Idi da spavaš."

„Dijan, pusti me da učinim nešto za tebe."

Obisnuh mu se oko vrata. Bilo mi je žao što mu to radim, što mu remetim planove, ali nisam mogla da se oglušim o taj zov. Moj život se upravo zaustavio. Ništa, ni *Srećni ljudi*, ni Olivje, ni Feliks nisu mogli da se bore protiv moje potrebe da odem tamo.

„Žao mi je, ali ne možeš ništa da učiniš. Nemoj da probdiješ noć zbog mene."

On zavrte glavom, poljubi me i ustade.

„Neću zaspati sve dok ne dođeš u krevet, ali ću te ostaviti na miru ako je to ono što želiš."

„Oprosti mi."

On ništa ne odgovori. Pratila sam ga pogledom dok nije ušao u spavaću sobu, ostavivši otvorena vrata za sobom. Dok sam tražila let za Dablin, mislila sam samo na Edvarda, koji se u tom trenutku sigurno borio protiv Deklanovih noćnih strahova. Samo što sam platila avionsku kartu, zazvoni mi telefon.

„Edvarde…"

„Uspeo sam, spava."

„I ti treba da odeš na spavanje."

„Ti takođe!"

Nasmeših se.

„Imam kartu, stižem sutra uveče u osam, doći ću pravo tamo."

„To ti nije pametno, sačekaću te."

„Šta to pričaš? Iznajmila sam auto, kao i obično. Dovoljno sam velika, mogu sama da se snađem. Bar ti nikad nisi pokušavao da budeš zaštitnički nastrojen prema meni, nemoj sada to da radiš."

„Ne raspravljaj se sa mnom. Dolazim po tebe."

„Nećeš voziti s jednog na drugi kraj zemlje. A Deklan? Prepašće se kada bude video da odlaziš."

„Pustiće me ako mu kažem da je to zbog tebe... Džudit će biti s njim, prijaće joj da se udalji od Ebi na nekoliko sati. Krenuću krajem popodneva, stići ćemo kući do ponoći."

„To je suludo."

„Molim te, Dijan. Pusti me da dođem po tebe, treba mi vazduha, moram da dišem."

Njegov poziv u pomoć bio je srceparajući.

„Dobro... Idi sad na spavanje."

„Vidimo se sutra."

Prekinuo je vezu. Ja sam ostala da popušim cigaretu, koja mi je bila potrebna da bih shvatila da putujem za Malreni kako bih prisustviovala Ebinoj sahrani. Doduše, oduvek sam duboko u sebi znala da ću se vratiti tamo kad se ovo desi. Ma koliko to bilo opasno. Moje telo je bilo u Parizu, ali mi je um već bio u Irskoj. Kad sam se vratila u sobu, shvatih da Olivje ne spava; čekao me je, sa savijenom rukom ispod glave. Podignuo je jorgan i ja se zavukoh u krevet i sklupčah uz njega. On me obgrli.

„Na koliko dugo ideš?", prošaputa.

„Na tri dana. Ne brini, uselićemo se na dogovoreni dan."

„Ne brinem se zbog toga..."

„Nego zbog čega?"

„Zbog tebe."

„Ne sekiraj se, neću doživeti nervni slom. Ebina smrt nije ništa u poređenju s onim što sam doživela, očekivala sam je. I nameravam da ispunim obećanje koje sam joj dala: neću plakati i nastaviću da živim svoj život."

„Stvarno?"

Nisam mu odgovorila. Cele noći me je držao uza sebe. Na kraju sam uspela da odspavam nekoliko sati. Kad sam otvorila oči, svest o Ebinoj smrti oduzela mi je nakratko dah. Pribrala sam se i izborila sa bolom. Morala sam da preguram taj dan, da sve pripremim kako bi moje odsustvo prošlo što bezbolnije, i umirim Olivjea, čija se zabrinutost preko noći samo pojačala. Nije odvajao pogled od mene dok smo doručkovali.

„U koliko sati slećeš večeras?"

„U sedam."

„Potrudiću se da te otpratim na aerodrom."

„Nemoj da otkazuješ preglede zbog mene."

„Želim to da uradim, ne pokušavaj da me sprečiš."

Pola sata kasnije ostavio me je ispred *Srećnih ljudi*. Otvorila sam kafe i, umesto da proćaskam sa redovnim gostima, kao što sam obično radila, odmah sam se bacila na posao; sve sam sredila, uverila se da Feliksu neće ništa nedostajati i pozvala Džudit. Zvučala je bolje nego prethodnog dana; Edvard ju je obavestio o mom dolasku i osećala sam da joj je laknulo. Ona onda dade slušalicu Džeku, za šta nisam bila pripremljena.

„Kako si, mala moja Francuskinjo?"

„Pusti sad mene, pitanje je kako si ti."

„Dobro sam, nas dvoje smo imali lep život. Imam poruku za tebe, ali ti već znaš kakvu."

„Da", rekoh šmrknuvši.

„Zahvalan sam ti zato što ćeš da doputuješ. Videćeš, to će te smiriti."

„Vidimo se sutra, Džek."

Kad sam prekinula vezu, zgurih se.

„Šta ti to znači: *vidimo se sutra, Džek*?"

Trgnuh se čuvši Feliksov glas.

„Večeras imam avion: Ebi je umrla."

Okrenula sam mu leđa i sipala sebi kafu.

„Ne možeš to da uradiš! Ne možeš da odeš na sahranu u Irsku."

On me uhvati za ramena i natera da ga pogledam.

„Ništa me ne sprečava da to uradim!"

„Sprečava te! Sve te sprečava! Ti to ne možeš da podneseš! Sranje! Sve ti ide lepo u životu, imaš Olivjea, imaš *Srećne ljude*, okrenula si stranicu. Zaboravi na Irsku i Irce!"

„Ne traži od mene nešto što je nemoguće! Osim toga, ne diži toliku frku, idem na tri dana, biću ovde za selidbu."

„U kakvom stanju?"

„Ne mogu više da podnesem da se svi brinu zbog mene, ti, Olivje... Prestanite da mislite da ću doživeti nervni slom pri prvom iskušenju. Nisam više ista, čvrsto držim život u svojim rukama, dobro mi je, znam šta hoću. A hoću da odem i oprostim se od Ebi i budem pored tih ljudi koje volim, srce mi govori da to uradim."

„A je l' i onaj klinac među ljudima koje voliš?"

Uzmakla sam i počela da mucam zbog njegove opaske.

„Ne znam... Deklan je..."

„Edvardov sin! Eto ko je on!"

Pogledah u svoja stopala. Feliks me čvrsto zagrli.

„Izluđuješ me, Dijan. Idi tamo i izgubi glavu, a ja ću doći da te spasem."

„Nećeš imati od čega da me spasavaš."

„Prestani da se praviš blesava, to ne liči na tebe."

Dan je proleteo; nisam maltene ni jela kako bih stigla da se spakujem. Feliks je bio spreman da tri dana vodi računa o *Srećnim ljudima*. Kako mi je i najavio, Olivje je došao da me otprati na aerodrom. Feliks me je samo cmoknuo u oba obraza i uputio mi pogled koji je značio „čuvaj se". Izađoh na ulicu držeći Olivjea za ruku i posle tri koraka se vratih da još jednom bacim pogled na svoju kafe-knjižaru, izlog, natpis... Opet sam napuštala svoje utočište... zbog njih, zbog Irske...

U vozu nismo progovorili ni reč, Olivje me je stegao uza sebe i čas me je ljubio u kosu, čas mi je milovao šake. Ja sam bila kriva što je tužan i to mi se nije dopalo. Da li sam postala sebična? Donela sam tu odluku ne hajući za Olivjea, nije me bilo briga kako će se to odraziti na njega, nije mi palo na pamet da ga pitam za mišljenje.

* * *

Upravo sam se čekirala i izašli smo napolje; pušila sam poslednju cigaretu pre ukrcavanja kad mi je zazvonio telefon.

„Da, Edvarde."

Olivje me stegnu malo jače uza sebe.

„Krenuo sam, hteo sam da proverim da li ti avion poleće na vreme."

„Tako je najavljeno."

„Čekaću te iza carine."

„Odlično, brzo ću izaći iz aviona."

„Vidimo se uskoro."

Prekinuo je pre nego što sam stigla da mu odgovorim. Okrenuh se prema Olivjeu, koji me je, i dalje zabrinut, netremice posmatrao.

„Ljutiš se na mene?", upitah ga.

„Naravno da ne… Oni su donekle tvoja porodica… ali očigledno mi zatvaraš ta vrata. Ne mogu da se brinem o tebi onako kako bih hteo, to je sve."

Uhvatih ga za ruke.

„Kad se vratim, biću s tobom. Ne brini."

„Želiš li i dalje da se za vikend uselimo u stan?"

„Da!"

On me zagrli i šapnu mi u vrat:

„Treba da kreneš."

Otpratio me je do poslednje bezbednosne ograde.

„Vrati se odmah kući, ne čekaj da avion poleti, važi? I nemoj, molim te, da remetiš raspored zato da bi došao po mene kad se budem vratila."

Klimnuo je glavom i poljubio me. Osećala sam da je u taj poljubac uneo svu svoju ljubav, brigu i nežnost. Uzvratila sam mu najbolje što sam mogla. Ali nisam mogla da procenim koliko je to bilo iskreno.

9

Prva sam odvezala sigurnosni pojas kad se avion zaustavio na pisti i prva sam izašla. Jedina sam gromko uzviknula: „Sranje!" kad sam shvatila da treba da prođem kroz ceo aerodrom. Toliko sam brzo trčala da je moj kofer s točkićima na trenutke leteo. Njegov zvuk je izazivao znatiželju putnika, koji su mi se sklanjali s puta. Odbijala sam da priznam zašto tako jurim. Vrata se najzad otvoriše; Edvard me je čekao naslonjen na zid, sa ugašenom cigaretom između usana. Zastadoh. On se uspravi i krenu prema meni. Ostatak puta pređoh ućutkujući signale koje mi je slalo srce. Kad smo se našli licem u lice, on zari pogled u moj.

„Idemo li?", upita me forme radi, uzevši mi prtljag iz ruku.

„Da."

Primaknuo mi se ne odvajajući oči od mene i poljubio me u slepoočnicu; zadržala sam dah i zažmurila. Kad se odmakao od mene i zaputio prema parkingu, trebalo mi je nekoliko sekundi da se spustim na zemlju i krenem za njim. Zapahnu me velika hladnoća. Stigla je zima sa oštrim vetrom i ledenim kišnim kapima. To bi trebalo da mi razbistri misli. Dok smo išli ka kolima, Edvard je zapalio cigaretu i pružio mi kutiju, pogledavši me preko ramena. Nisam dozvolila sebi da reagujem na dodir njegovih prstiju. Nismo gubili vreme, krenuli smo, ne progovorivši više ni reč, čim je moja putna torba ubačena u prtljažnik. Vožnja po mrklom mraku bila je tako zanosna da sam pomislila kako je Feliks bio u pravu: uprkos cilju ovog putovanja, izgubiću glavu. Ponekad sam bila tako naivna. Zurila sam u Edvarda: vozio je brzo, držeći volan jednom rukom, samouveren, zadubljen u misli. Sigurno je osetio da ga posmatram, pošto mu se pogled odvojio od druma i zaronio u moj. Ono što se upravo dešavalo nije bilo moguće, bilo je zabranjeno. Gde je nestala distanca koju smo uspostavili nekoliko nedelja ranije? Istovremeno povratismo dah. Zazvonio mi je telefon i on se ponovo usredsredio na vožnju. Progutala sam pljuvačku, pa sam se javila.

„Olivje! Spremala sam se da te pozovem! Na putu smo."

„Odlično. Je l' sve u redu?"

„Da."

„Neću da te zadržavam. Prenesi Edvardu moje saučešće."

„Svakako. Ljubim te."

„Dijan… volim te."

„I ja tebe."

Osetih nelagodu kad sam izgovorila ove tri reči. Prekinula sam vezu zažmurivši i čvrsto stegnula telefon. Oboje smo zapalili cigaretu. Piljila sam u drum.

„Primi Olivjeovo saučešće."

„Zahvalićeš mu… Džudit mi je rekla da živiš s njim."

„Za četiri dana se useljavamo u stan."

Tišina i stvarnost obrušiše se na nas. Zavalila sam se na naslon, iznurena od protivrečnih osećanja. Edvard se posle nekog vremena zaustavio na odmorištu na auto-putu.

„Treba mi kafa. Nema potrebe da te pitam hoćeš li i ti jednu…"

Izašavši iz kola, podigao je okovratnik kratkog kaputa. Posle nekoliko minuta pošla sam za njim i zatekla ga pored aparata za kafu. On protrlja kosu zevajući iz sve snage. Pružio mi je papirnu čašu s kafom dok se njegova punila.

„Idemo?", upita me kada je uzeo svoju kafu, ali nije sačekao moj odgovor.

Kad smo izašli, pustio je da mu kiša kvasi lice. To je prevršilo svaku meru.

„Koliko već dana ne spavaš?"

„Tri. Provodim noći sa Deklanom."

„Daj mi ključeve od kola. Odspavaj dok ja vozim. Nećemo da se raspravljamo, poznajem put, umem da vozim levom stranom, a ti moraš da se odmoriš."

On otpi gutljaj kafe, pa zavrte glavom i pruži mi ključeve. Oboje se grohotom nasmejasmo kad smo ušli u kola; bila sam predaleko od upravljača. Kad smo pomerili sedište, upalila sam motor i okrenula se prema njemu.

„A sad spavaj."

Uključio je muziku: najnoviji album grupe *Alt-Džej*. Onda se zavalio u sedište, podigao ruku i primakao prste mom obrazu, ali nije otišao dalje od toga. Ubacih u prvu. Sve vreme je zurio u mene. Nekoliko minuta nakon što smo izašli na auto-put, promrmlja: „Dijan... hvala."

Pogledala sam ga: spavao je, okrenut prema meni. Prvi put sam imala osećaj da ga štitim, da brinem o njemu. Poželela sam da mogu da vozim unedogled kako bi se konačno odmorio, kako bi i dalje bio tako spokojan; crte lica su mu bile opuštene. Njegovo hrkanje mi izmami osmeh i uveri me da čvrsto spava. Njemu je već i to bilo dovoljno. A ja sam ta dva sata provela razmišljajući. Drum je oduvek imao takvo dejstvo na mene. U Parizu nije moglo da mi se dogodi tako nešto! Vožnja, muzika, usredsređenost na put... osećala sam se kao u nekom mehuru. S obzirom na situaciju, iskoristila sam priliku i krenula da kopam duboko po svojoj duši. Mislila sam da je problem zvani Edvard rešen... Kako sam mogla da budem tako glupa? On je zauzimao mnogo važnije mesto u mom životu nego što sam želela da priznam. Kako da se ponašam narednih dana? Da prestanem da se opirem? Da slušam svoje srce? Ili podignem ogradu? Zaštitim svoj novi život od tog čoveka koji je spavao kraj mene? Ili da se pravim naivna i kažem sebi kako je to samo posledica naše trenutne slabosti zbog Ebine smrti...?

Kad smo prešli preko poslednjeg brda i počeli da se spuštamo u Malreni, i dalje nisam imala odgovor na svoja pitanja, ali sam morala da probudim Edvarda. Tiho ga pozvah. On nešto progunđa u snu, pa otvori oči. Ne razmišljajući, zapalio je cigaretu.

„Stigli smo", zaključi glasom promuklijim nego ikad.

„Da."

„Spavaćeš kod mene."

„Šta?"

„Ebi je u njihovoj kući, pretpostavio sam da ne želiš da budeš pored nje."

To je zaista prevazilazilo moje snage.

„Ustupiću ti svoju sobu, a ja ću iz Deklanove da pređem na trosed."

„Neće ti biti nezgodno?"

„To ja treba tebe da pitam. Ako hoćeš, možemo da ti uzmemo sobu u nekom pansionu."

U tom trenutku se zaustavih ispred njegove kuće.

„S obzirom na to koliko je sati, sumnjam da ćemo nešto naći. Osim toga… više bih volela da ostanem kod tebe."

Stavljala sam sebe na teško iskušenje. Ili sam možda slušala svoju najskriveniju želju… Kad smo ušli u brvnaru, Džudit je tiho silazila niz stepenice.

„Spava", reče ona bratu.

„Idem kod njega."

On pređe tri stepenika s mojim koferom u ruci, a onda zastade i obrati mi se:

„Hvala za vožnju… Ponašaj se kao kod svoje kuće. Laku noć!"

Osmehnula sam mu se i on nestade. Prišla sam Džudit, stegla sam je u naručje i ostale smo tako nekoliko dugih minuta.

„Kako se osećaš?"

„Dobro je, držim se. Džek je tako jak... Videćeš sutra... Neverovatan je... A ti?"

„Obećala sam Ebi da neću pući, trudim se da ispunim obećanje."

„Dobro je da si ovde... Cela porodica se okupila zbog nje. Moram da idem, hoću da budem sigurna da se Džek odmara."

Obukla je kaput, pa me upitno pogledala, sa smeškom u uglu usana.

„A to što spavaš kod mog brata... Možeš li da se izboriš s tim?"

„Ne znam, Džudit... ne znam."

Još jednom me je zagrlila i poljubila u oba obraza, a onda je odjurila. Dnevna soba je bila u polumraku; ugasila sam svetlo u predsoblju i popela se na sprat. Ugledah svetlo ispod vrata Deklanove sobe. Edvard je ostavio moj kofer u svojoj sobi. Već sam spavala u njoj u vreme kada mi je bilo najteže i kad smo se nas dvoje mrzeli iz dubine duše. Sada mi se činilo da je to bilo tako davno...

Pošto sam obukla šorts i majicu bez rukava koji su mi služili kao pidžama, sela sam na Edvardov krevet. Ostala sam dobrih pola sata u tom položaju pre nego što sam navukla duks i prišla zatvorenim vratima. Naslonila sam čelo na drvo, a zatim se udaljila grickajući nokte. Uradila sam to nekoliko puta pre nego što sam se rešila da otvorim vrata i izađem u hodnik. Zaustavila sam se ispred Deklanove sobe. To mi je bila poslednja prilika da se vratim nazad. Onda polako otvorih vrata. Edvard je sedeo u naslonjaču i nije odvajao pogled od sina. Primetio me je. Dadoh mu znak da ne mrda i da ćuti. Prišla sam Deklanovom krevetu. Na tren me obuze radost kad sam ga ugledala. Spavao je stegnutih pesnica, s majčinim šalom uza sebe. Želela sam da mu provučem ruku kroz kosu i poljubim ga u čelo, i ništa me nije sprečilo da to uradim. Srce mi se nadimalo od sreće. Moj poljubac ga je zagolicao, ali ga nije probudio. Onda sam sela na pod, pored Edvardovog naslonjača, privukla noge na grudi i spustila bradu na kolena. Radila sam isto što i on: bdela sam nad tim detetom. U našoj tuzi zbog Ebine smrti, on je predstavljao život. Posle nekoliko minuta, prislonih glavu na Edvardovu nogu. Njegova ruka bi s vremena na vreme prešla preko moje kose. Izgubila sam predstavu o vremenu.

Posle nekih sat vremena, Edvard me nežno odmaknu od sebe, ustade i pomože mi da se podignem, povukavši me za ruku. Izveo me je iz sinovljeve sobe i otpratio do one u kojoj me je čekao moj krevet. Na pragu je zastao, držeći me i dalje za ruku.

„Pokušaj malo da odspavaš", reče mi.

„A ti?"

„Leći ću na trosed."

Pre nego što mi je pustio ruku, primakao mi se i poljubio me u slepoočnicu, zadržavši dugo usne na njoj. Onda se sjurio niz stepenice. Ja sam zatvorila vrata i zavukla se pod jorgan. Zaspala sam umotana u njegovu posteljinu, u njegov miris.

Polako sam se rasanjivala kad se vrata otvoriše uz tresak.

„Dijan! Vratila si se!", viknu Deklan skočivši na krevet.

Nisam se ni pridigla, već se bacio na mene i obgrlio me rukama oko vrata.

„Presrećan sam!"

„I ja, šampione!"

To je bila sušta istina; kad sam ga stegla uza sebe, nisam osetila ni trunku strepnje, niti želju da ga odgurnem, već samo sreću.

„Kako si?", upitah ga.

„Dobro... Dođi, idemo dole. Tata ti je spremio kafu."

Povukao me je za ruku.

„Istuširaću se, pa ću vam se pridružiti."

„Važi!"

Deklan je otišao i derući se iz sveg grla preneo ocu šta sam rekla. Kad sam videla da trči u pidžami i bos, umalo mu ne rekoh da obuje papuče i obuče džemper.

Dvadeset minuta kasnije doživela sam šok kad sam ušla u dnevnu sobu: Edvard je bio u odelu i s kravatom. Zinula sam od čuda; na tren sam zaboravila na Ebi. Obično je bio raščupan, u razdrljenoj košulji koja mu je virila iz farmerki, a sad je imao antracit-sivo odelo, koje mu je stajalo kao saliveno, i besprekorno vezanu kravatu. Zbog toga je bio još naočitiji, ukoliko je tako nešto uopšte moguće. Mora da sam izgledala komično pošto se on na kraju nasmejao. Prišla sam mu polako dok mi je sipao kafu. Uzela sam šolju i otpila gutljaj, ne odvajajući pogled od njega. I dalje se smešio, češkajući se po bradi.

„Premišljam se da li da se obrijem..."

„Nemoj!", vrisnuh spontano.

„To ne bi bio ti, ona to ne bi volela", ispravih se, znajući da mogu da govorim u Ebino ime.

Udaljila sam se od njega i osmeha u uglu njegovih usana i prišla Deklanu i Poštaru Petu, koji su bili na kauču. Deklan se šćućuri uz mene.

„Koliko dugo ostaješ kod nas?"

„Dva dana."

„Samo?"

„Bolje išta nego ništa…"

„Da", uzdahnu on.

Edvard me je pozvao i dao mi znak da izađemo. Vreme nehajnosti se bližilo kraju.

„Moram da odem kod Ebi i Džeka, mogu li da ti ostavim Deklana na dva sata?"

„Naravno. Pričuvaću ga. Treba da se obuče. U koliko je sati sahrana?"

„U dva. Pre toga ćemo ručati u njihovoj kući. Doći ćeš?"

„Radije bih vam se pridružila u crkvi."

„Razumem te."

Neće mi biti lako da prisustvujem sahrani; morala sam da se pripremim na to u samoći. Edvard ugasi cigaretu, ode da se pozdravi sa Deklanom, pa izađe.

Naše druženje je vrlo brzo prošlo: umila sam ga, pomogla mu da se obuče i saslušala priču o svakojakim dogodovštinama u školi. Upravo smo se smejali i igrali u dnevnom boravku kad se Edvard vratio. Izgledao je umornije nego na odlasku, imao je ozbiljan izraz lica. Na silu se nasmešio sinu; shvatila sam da je upravo prisustvovao Ebinom polaganju u mrtvački kovčeg.

Pogledi su nam se sreli; podigla sam oči uvis kako ne bih zaplakala.

„Je l' ostalo kafe?", upita me on.

„Jeste."

Ustala sam sa troseda i pridružila mu se za kuhinjskim pultom. On stegnu pesnice tako snažno da su mu iskočile vene na rukama; tako je pokazivao bol. Nežno sam ga pomilovala po rukama.

„Biće sve u redu", prošaputah.

Nežno me je obuhvatio oko struka, pa me privukao k sebi i zario mi lice u kosu, uzdahnuvši. Bili smo nemoćni pred onim što nas je zadesilo i kočnice su popustile. Prostorija postade neobično tiha. Pogled mi skrenu i spusti se na Deklana, koji nas je posmatrao krajičkom oka. Mora da je i Edvard to primetio, pošto se naglo odmaknu od mene.

„Idemo, Deklane, Džek i Džudit nas čekaju."

„A Dijan…"

„Videćemo se u crkvi."

„Obećavaš?"

„Biću tamo."

On krenu za ocem gledajući me preko ramena. Edvard ga je protrljao po kosi kako bi ga naterao da gleda ispred sebe. Ulazna vrata se zatvoriše. Popela sam se na sprat da se presvučem. Obući ću nešto prikladnije za tu priliku: crnu haljinu.

Negde oko jedan prisilila sam se da progutam malo hleba kako bih imala nešto u želucu i kako ne bih pala u nesvest. Utroba mi se stegla, ali ne zbog napada panike.

Izašla sam na terasu da pušim, s telefonom u ruci. Olivje se odmah javio.

„Čekao sam da se javiš. Kako protiče današnji dan?"

„Uskoro ću u crkvu. Držim se."

Nisam znala šta još da mu kažem. Ćutanje se odužilo.

„Hoćeš da odem večeras da vidim kako se Feliks snalazi?"

„Ako želiš... Nastavio si s pakovanjem?

„U svom stanu sam skoro gotov. Mogu da pređem u tvoj da bude brže."

„Nemoj, nemam mnogo stvari..."

„Imam pacijenta, moram da prekinem."

„Srećno na poslu."

„Javi se kad budeš mogla."

„Dobro... Ljubim te."

Prekinula sam vezu uzdahnuvši. Moj dolazak ovamo udaljavao me je od njega. Uselićemo se u stan na kukovo leto. Ono što mi je bilo potrebno nalazilo se negde drugde. Zviznuh Poštaru Petu, koji je tumarao po plaži, i zatvorih ga u kuću. Kad je legao, obukla sam kaput i stavila šal. Nije mi trebao kišobran; sunce je već čitav sat obasjavalo plavo zimsko nebo.

Pešačila sam desetak minuta do crkve, na sredini groblja. Ebi će počivati u grobu nasred travnjaka, ispod keltskog krsta. Zvona su zvonila, i obuze me potuljeni strah. Kako ću doživeti, tačnije preživeti tu sahranu? Da nisam precenila svoje snage? Poslednja sahrana na kojoj sam bila, bila je sahrana mog muža i ćerke. Taj strah me je naterao da uđem na sporedna vratanca i neupadljivo se smestim u dnu crkve.

Celo selo je bilo prisutno, zajedno sa grupom Džuditinih prijatelja, koje sam upoznala na novogodišnjem dočeku. Uočila sam Džeka, Edvarda, Deklana i Džudit. I ona se, isto kao njen brat, potrudila da se obuče kako dolikuje. Prvi put mi je delovala krhko; bila je tako sićušna u tamnosivoj haljini-tunici, umotana u široki šal, guste kose skupljene u jednostavan konjski rep. Želela sam da joj priđem i zagrlim je kako bih je utešila; nisam se usuđivala. Ebi je već bila tu, u kovčegu prekrivenom cvećem. Dok sam ga gledala, imala sam utisak da je preda mnom običan drveni sanduk. Osećala sam da je s nama. Džek je ušao u moje vidno polje i prošao kroz celu crkvu ka meni.

„Šta radiš tu sama? Ebi se ovo ne bi dopalo. Dođi."

Prebacio mi je svoju čvrstu i snažnu ruku preko ramena i poveo me kroz brod do prvog reda. Džudit mi se obisnula oko vrata lijući gorke suze. Konačno sam briznula u plač... i to me je oslobodilo tereta koji me je pritiskao.

„Grdiće nas ako budemo nastavile ovako da se ponašamo!", reče mi ona smejući se i plačući u isti mah.

Izvadila sam maramice iz džepa i obrisala najpre njoj obraze, pa sebi, a onda joj vratila na mesto jedan neposlušni pramen kose. Ona se zatim sklonila u stranu da bih ja zauzela svoje mesto; prošla sam pored Deklana, koji je čvrsto stezao oca oko struka, i sela pored Edvarda; on me uhvati za ruku i prsti nam se prepletoše. Ceremonija je počela. Znala sam da se u Irskoj pridržavaju verskih obreda, ali me je ipak iznenadio njihov žar. Premda nisam vernik i premda sam vaspitana u duhu ateizma, nisam se, međutim, osećala neprijatno. Samo sam dvaput bila na misi: na svom venčanju i na Kolenovoj i Klarinoj sahrani – moji svekar i svekrva su vernici.

Prisutni su pevali. Bilo je lepo, gotovo veselo, i vladala je atmosfera dubokog spokoja. Smrt je tužna, ali ona ne predstavlja kraj. To je na mene delovalo umirujuće. Ebine reči su izranjale na površinu: „Brinuću o njima." Edvard jedini nije pevao, ali mi je njegov promukli glas odjekivao u ušima svaki put kada se izgovarala molitva. Povremeno bi mi pomilovao nadlanicu palcem. Za vreme pričešća on me pusti kako bi otišao da to obavi sa Džekom i Džudit. Sela sam i Deklan mi se popeo u krilo i obgrlio me oko vrata. Ljuljuškala sam ga. Kad se vratio, Edvard nas je zatekao u tom položaju, pa je seo pored mene i prebacio mi ruku preko ramena. Bili smo jedna osoba; Deklan je plakao u mom krilu, između oca i mene, ja sam naslonila lice Edvardu na rame, a on je spustio svoje na moju kosu.

Došao je trenutak koga sam se plašila: blagosiljanje tela. Prisutni su defilovali pred mojim očima. Priljubih se još više uz Edvarda, koji me stegnu malo jače. Kad je došao red na porodicu, kojoj sam i ja pripadala, on ustade i uze Deklana u naručje. Onda mi je pružio ruku i ja se čvrsto uhvatih za nju. Kraj kovčega se oprostio od tetke, pa napravio korak u stranu da bi mi oslobodio mesto, ne ispuštajući moju ruku i držeći i dalje sina u naručju. Spustih drugu šaku na drvo i nežno pomilovah kovčeg, malo se osmehnuvši. Suze su mi pokuljale i u sebi sam se izvinila Ebi i zamolila je da brine o Kolenu i Klari. Tim jednostavnim postupkom, koji sam svojevremeno uskratila svojim dvema ljubavima, oprostila sam se od njih; znala sam da su sada oboje, a naročito moja ćerka, bezbedni. Zahvaljujući Ebi i porukama koje mi je neprestano slala, konačno sam prihvatila ideju da će Klara uvek biti u meni, da imam pravo da živim punim plućima i da je nikad neću zaboraviti, niti izneveriti. Nisam više morala da se odričem jednog dela sebe. Osetih Edvardove usne na kosi i pogledah ga u oči. Ono što smo osetili bilo je neopisivo snažno. Deklan nas je netremice gledao i ja ga pomilovah po obrazu. Onda smo se vratili na svoja mesta. Obred se završio himnom u slavu Gospoda, koja me duboko dirnu. U tom trenutku sam poželela da sam vernica. Svi su polako izašli. Mi se poslednji nađosmo napolju. Vreme je bilo tako lepo; bleštavo zimsko sunce, okrepljujuća hladnoća, vetar koji rasteruje nesreću... Deklan me uhvati za ruku – hteo je nešto da mi šapne.

„Neću da ostanem ovde, Dijan."

Prestrašeno je zurio u grobove.

„Videću šta mogu da učinim", odgovorih mu.

Nisam morala da tražim njegovog oca: stajao je odmah pored mene.

„Deklan hoće da pođe."

„Ne može!"

„Dozvoli mi, molim te, da ga odvedem odavde..."

On uputi sinu pogled koji je bio smrknut i vrlo zabrinut u isti mah. Rešila sam da ne popustim. Deklan, koji mi je mrvio šaku, već je dovoljno patio; u meni se probudio instinkt lavice.

„Za svoje godine isuviše dobro zna koliko je život surov! Seti se samo šta je doživeo pre nekoliko meseci, ne teraj ga da gleda kako još jedna osoba koju voli nestaje pod zemljom… Molim te… Ja ću brinuti o njemu, a ti pazi na sestru, potreban si joj", dodadoh, primetivši da se Džudit osamila.

On čučnu kako bi bio sinovljeve visine.

„Idi s Dijan, ali pre toga idemo svi zajedno kod Džeka."

Otišli smo da poljubimo Džeka, koji je smatrao da je odlična ideja da Deklan i ja odemo u šetnju. Njegova snaga je bila neverovatna i zarazna. Ko bi se usudio da se slomi pred takvom gromadom od čoveka? Pre nego što smo krenuli, zagrlila sam Džudit, ne puštajući Deklanovu ruku. Edvard nas je otpratio do ograde groblja.

„Doći ću posle po vas", reče mi pomalo uspaničeno.

Pomilovala sam ga po obrazu. On zatvori oči.

„Ubrzo ćemo ponovo biti zajedno."

Edvard se zatim okrenuo, prišao sestri, pa je zagrlio i poveo ka grobovima. Verovatno su im tu bili sahranjeni i roditelji.

Oslobodili smo Poštara Peta, koji se obradovao svom malom gazdi, i sasvim spontano krenuli smo na plažu. Dok su se oni igrali, sela sam na stenu i zapalila cigaretu. Deca se neverovatno brzo oporavljaju. Pre nepunih petnaest minuta Deklan je bio prestrašen, istraumiran, oči su mu bile pune suza. Očeva dozvola da pođe sa mnom, moja ruka i njegov pas bili su dovoljni da se uteši. Pošto se izigrao, prišao mi je i seo pored mene.

„Zašto svi umiru?"

Zašto? Kad bih samo znala, pomislih.

„Nisi potpuno sam, Deklane, imaš tatu, Džeka i tetka-Džudit."

„Da, a ti? Ti uvek odeš. Mnogo volim kad si tu."

„I ja, volim da budem s vama, ali ne živim u Malreniju."

„To je bezveze!"

Uzdahnula sam i uzela ga u naručje. Mogla sam da odgovorim Feliksu na pitanje: volela sam tog „klinca". I to mnogo.

„Zar vam nije hladno?", upita Edvard, koji nam je nečujno prišao.

Seo je pored sina i zagledao se u more, a zatim u nas dvoje. Oči su mu bile malčice crvene.

„Idemo kod Džeka i Ebi da se ugrejemo pre nego što se smrznete. Samo vas čekaju. Gladan si, jelda?", upita sina.

Deklan đipi i pojuri kao strela, nateravši nas da se nasmejemo. Edvard mi je pomogao da ustanem.

„Kako si?", upitah ga zabrinuto.

„Sada kada sam ponovo s vama, bolje. Hvala ti što si me ubedila da poštedim Deklana; hteo sam da ostanete sa mnom, a to je bilo sebično od mene."

„To je sasvim prirodno, ali si izabrao ono što je dobro za tvog sina. I sada smo ovde."

Desetak minuta kasnije, kad smo stigli kod Džeka, shvatila sam da nas čekaju. Dokaz: sa svih strana se čulo „evo ih!".

Naredni sati su bili ispunjeni predusretljivošću, ljudskom toplinom i međusobnim tešenjem. Svi su pričali, pljeskali se po leđima ili držali za ruke, ili u prijatnoj atmosferi evocirali uspomene na Ebi. Njena velikodušnost i životna radost ostavile su snažan utisak na sve prisutne. Bila im je majka, baka, najbolja prijateljica, dadilja... Blagonaklon prema svima, Džek je prednjačio u tome, nije dozvoljavao da ga preplavi tuga. Bio je ponosan, ali sam nekoliko puta primetila da mu se pogled gubi u daljini ili da rasejano miluje prekrivač prebačen preko Ebine stolice za ljuljanje. Sećala sam se koliko sam bila usamljena posle Kolenove i Klarine pogibije, iako sam bila užasno besna i nisam prihvatala stvarnost; ljudi dolaze kod vas, pokušavaju da vas uteše, ali to ne pomaže, i dalje ste prazni. Pomagala sam Džudit u kuhinji, kako i dolikuje ženskoj čeljadi iz kuće. Deklan je trčao između gostiju i usput jeo; proveravao je svako malo da li sam i dalje tu. Edvard i ja smo se svaki čas tražili pogledom, i osećala sam da je sve vreme u blizini; morala sam da budem sigurna da je dobro. Nijednog se trenutka nisam osetila kao strankinja u toj zajednici koja je oplakivala svog člana. Naprotiv, spontano su mi stavili do znanja da sam deo nje, htela ja to ili ne, i moja adresa je bila potpuno nebitna. I ja sam učestvovala u Džekovom, Džuditinom, Deklanovom i Edvardovom bolu. Za meštane sam bila član porodice. To sam videla po njihovim pogledima, po načinu na koji su mi se obraćali i sekirali se zbog mene. Deo mene je bio srećan zbog tog priznanja, zbog tog novootkrivenog osećaja pripadništva klanu; drugi deo je bio skrhan od tuge. Ja nisam živela i nikad neću živeti s njima. Izgradila sam novi život u Parizu, gde su me čekali Olivje, Feliks i

Srećni ljudi. Sa ovom porodicom ću moći da provodim divne trenutke, ali će oni uvek biti kratki. Pogled mi se spusti na Edvarda, koji je razgovarao s jednim bračnim parom iz sela. Nakratko prestadoh da dišem. Mogu li još dva dana da potiskujem svoja osećanja prema njemu? Morala sam da izađem na vazduh. Išunjah se napolje. Dok sam pušila, misleći da će mi cigareta pomoći da se opustim, pokušavala sam da smirim srce, koje je htelo da mi iskoči iz grudi. Pao je mrak, bila je cača zima, i ja se obgrlih rukama da se ugrejem. Duboko u sebi, nešto sam čekala, i to se i desilo:

„Jesi li dobro?", upita me Edvard, koji je došao kod mene.

Slegnula sam ramenima. On je zapalio cigaretu i, ne vadeći je iz usta, skinuo jaknu te me ogrnuo. Podigla sam pogled k njemu: zurio je u neku zamišljenu tačku ispred sebe. Pušili smo bez reči. Uostalom, šta bi one mogle da promene?

Kad sam ušla u kuću, videla sam da se Deklanu, zavaljenom na kauču, oči sklapaju.

„Pogledaj sina, živ je zaspao... Mogla bih da se vratim kući s njim. Ti ostani sa Džekom i Džudit."

„Jesi li sigurna?"

Ništa mu ne odgovorivši, prišla sam Deklanu i predložila mu da pođemo kući; pristao je istog trena. Uzela sam ga za ruku i odvela da se pozdravi sa Džekom i Džudit. On ih oboje zagrli. Džek me je stegnuo u naručje.

„Doći ćeš sutra da me vidiš?", upita me Džek stegnuvši me jače.

„Naravno, neću otići a da ne provedem ovde još malo vremena."

„Oh... neću te prigrabiti samo za sebe, želim da uživaš u njihovom društvu", odgovorio je, pokazavši glavom na oca i sina.

Nasmešila sam mu se, a onda poljubila Džudit. Zatim sam se pridružila Edvardu, koji se spremio da nas odveze kući. Vlasnik krčme i njegova žena isprečili su se ispred nas i predložili da nas oni povezu. Edvard htede da odbije, ali ja sam ga sprečila:

„Mnogo vam hvala, to je vrlo ljubazno od vas."

Zatim se okrenuh prema Edvardu, koji se sav narogušio, i rekoh:

„Ne sekiraj se, ubrzo ćeš biti s nama..."

On me posluša uzdahnuvši, ali nas ipak otprati do njihovog automobila. Dok je Edvard zahvaljivao našem vozaču, Deklan se smestio na zadnjem sedištu. Njegov otac mi je prišao pre nego što sam ušla u kola. Požurila sam da ga umirim:

„Nećemo nestati, vraćamo se u tvoju kuću i leći ćemo u krevet. Ti treba da budeš sa Džekom i Džudit. Tvoj sin i ja smo dobro."

Obuhvatio me je oko struka i poljubio me u slepoočnicu.

„Vidimo se kod kuće", prošaputa mi u kosu.

Zbog ove kratke rečenice zatreperiše osećanja i želje skriveni u najdubljem kutku mog bića.

Deklan i ja smo lepo stigli kući. Poštar Pet je lajao kao lud s druge strane vrata. Sirota životinja... Kad sam otvorila vrata, pas nas pozdravi mašući repom, pa otrča na plažu utonulu u mrkli mrak. Otišla sam s Deklanom na sprat, gde je on, dok sam mu nameštala krevet, bez reči obukao pidžamu i poslušno otišao da opere zube. Zatim se ćutke vratio u svoju sobu i zavukao pod jorgan. Lice mu je bilo smrknuto i zabrinuto.

„Ostaću s tobom."

Kleknula sam i krenula da ga mazim po kosi, pevušeći uspavanku. On je za to vreme mirisao majčin šal. Dan je bio naporan, nije mogao da se bori protiv sna. Spustila sam glavu na njegov jastuk i pogledala ga. To dete je bilo tako hrabro, bez roptanja je prihvatalo iskušenja koja mu je život nametao! Silno sam želela da ga zaštitim, da mu podarim bezbrižno detinjstvo. Trebalo je sve da učinimo kako bismo ga poštedeli nedaća. Kad sam se uverila da čvrsto spava, tiho sam se udaljila. Sišla sam u prizemlje i pustila u kuću Poštara Peta, koji je poslušno čekao pred ulaznim vratima. Rešila sam da legnem, ali da ostanem budna, za slučaj da se Deklan probudi. Pas se popeo sa mnom na sprat. U krevetu me je, međutim, čekalo iznenađenje: mali uljez se nekako dovukao do očeve sobe i uvukao se u moj krevet. On otvori oči i posramljeno se upilji u mene.

„Mogu li da spavam s tobom?"

Blago mu se nasmeših.

„Daj mi pet minuta i stižem."

Uzdahnuo je s olakšanjem, a ja sam otišla u kupatilo. Kad sam se spremila, sela sam na rub kade. Prešla sam sve granice, srušila odbrambene bedeme; nisam se više ponašala kao neka daleka porodična prijateljica, ali to je bilo jače od mene. Poštar Pet je legao na pod u podnožju kreveta. Deklan me je čekao na toplom, ispod jorgana. Ostavila sam otvorena vrata i upaljenu noćnu lampu i legla. On se sklupčao uz mene, uzela sam ga u naručje i poljubila u čelo. Nije mu dugo trebalo da se ponovo nađe u Morfejevom zagrljaju. Udahnula sam njegov miris misleći na Klaru. Bila sam sigurna da se ona ne ljuti na mene, zna da niko nikad neće zauzeti njeno mesto, da će uvek biti moja ćerka, najlepši poklon koji mi je život dao. Ali u mom srcu je bilo mesta i za drugu decu, ja sam oduvek volela decu i, pošto sam bila jedinica, maštala sam o velikoj porodici. Deklan je, isto kao njegov otac godinu dana ranije, zalečio jednu od mojih rana, možda onu najveću, najbolniju i najdublju. Dirnule su me njegova tuga i njegova ličnost, pokazale mi da ne mogu da se borim protiv onoga što sam: majka koja je nakratko prestala da bude majka, ali koja će to opet postati. Klara će mi nedostajati do mog poslednjeg daha, ali sam naučila i učiću do kraja života da živim s tim da je više nema. Feliks je to shvatio pre mene. Setih se kako mi je rekao: „Ponovo ćeš to jednoga dana uraditi!" A ja sam ga, tvrdoglava kao mazga i zaglibljena u mračne misli, ubeđivala u suprotno.

Dremala sam s prekidima. Ulazna vrata se zalupiše u daljini. Poštar Pet podiže glavu i ja mu dadoh znak da ne mrda. Udarao je repom o pod: njegov gazda se vratio kući. Edvard zastade ispred otvorenih vrata svoje sobe i ugleda svog sina i mene u svom krevetu. Dugo nas je posmatrao s praga, a onda nam je prišao. Naslonio se šakama i kolenom na dušek.

„Odneću ga u njegov krevet", reče mi tiho.

„Nemoj, pusti ga, probudićeš ga, ovde mu je dobro."
„Nije mu ovde mesto."
„U nekoj drugoj prilici, složila bih se s tobom! Ali sada ima pravo da bude ovde."
Uspravila sam se. Prkosno smo gledali jedno drugo. Neću popustiti.
„Tata", promrmlja Deklan u snu.
Usmerili smo pažnju na dečaka, koji je otvorio malo oči, odmaknuo se od mene i pogledao nas.
„Vratićeš se u svoju sobu", naredi mu Edvard. „Pusti Dijan na miru, ja ću ostati s tobom."
Deklan je zauzeo novi položaj u krevetu i protrljao lice o jastuk.
„Hajde da spavamo sve troje, tata…"
Nisam ovo očekivala. Nije ni Edvard! Deklan ga uhvati za ruku.
„Dođi, tata", prošaputa.
Edvard zaroni pogled u moj. Ponovo sam legla i nasmešila mu se. On pusti sinovljevu ruku, sede na rub kreveta, leđima okrenut prema meni, nalakti se na kolena i uhvati za glavu. Znala sam šta misli; ja sam mislila to isto: hteli smo da zaštitimo i umirimo to dete, što je značilo da nas dvoje moramo da se pomučimo i dovedemo sebe u nemoguću, neodrživu situaciju.
„Jesi li sigurna?", prošaputa on ne gledajući me.
„Dođi."
Ustao je i obišao oko kreveta da bi ugasio svetlo. Čula sam kako se kreće u polumraku, a zatim se svlači da bi nam se pridružio. Dušek se ulegnuo, jorgan se pomerio. Okrenuh se prema njemu, legavši na bok. Oči su mi se privikle na mrak, i razaznavala sam mu

crte lica: posmatrao me je, glave naslonjene na savijenu ruku. Utonula sam u san ne odvajajući pogled od njega; dobro sam se osećala, bila sam spokojna pored tog malog muškarca u mom naručju i velikog muškarca koji me je naveo da zaboravim na sve drugo.

10

Neko me je lupkao po ruci. Otvorih malo jedno oko. Deklan je pokušavao da me probudi. Uspeo je. Osećala sam da mi nešto pritiska stomak; Edvard, koji je čvrsto spavao, prebacio je ruku preko mene i svog sina, prikovavši nas za dušek.

„Idemo da doručkujemo", šapnuh Deklanu. „Budi tih, pustićemo tatu da spava."

Podigoh Edvardovu ruku najpažljivije što sam mogla. Čim se oslobodio, Deklan se izvuče iz kreveta. Poštar Pet, koji ce cele noći nije ni pomerio, ustao je i mahao repom. Iskobeljala sam se ispod jorgana i nisam dozvolila psu da priđe krevetu i probudi gazdu. Deklan i Poštar Pet strčaše niz stepenice. Pre nego što sam zatvorila vrata, bacila sam još jedan pogled na Edvarda; ležao je dijagonalno u krevetu, s glavom na mom jastuku. Kako da zaboravim taj prizor?

Deklan me je čekao sedeći na barskoj stolici. Obukla sam džemper njegovog oca koji je ostao u dnevnoj sobi i počela da spremam doručak. Deset minuta kasnije sedeli smo jedno pored drugog: Deklan s kriškama hleba namazanim puterom i sa toplom čokoladom, a ja sa kafom. Neosetno sam tonula u porodični život bez zadrške, bez straha i bez razmišljanja.

„Šta ćemo danas da radimo?", upita me on.

„Ja ću posetiti Džeka."

„A posle ćeš biti s nama?"

„Naravno, ne brini."

Činilo se da sam ga umirila, bar nakratko. Čim je završio s jelom, skočio je sa stolice i uključio televizor. Sipala sam sebi još jednu šolju kafe, uzela kutiju cigareta i telefon i smestila se na terasi, prkoseći hladnoći. Osetila sam nelagodu kad sam videla broj Olivjeovih propuštenih poziva i poruka. Nisam mu se javljala, nisam ni na sekund pomislila na njega. Pre nego što sam ga pozvala, zapalila sam cigaretu drhtavom rukom. Javio se čim je telefon zazvonio.

„O bože! Dijan, toliko sam se zabrinuo za tebe."

„Izvini… Jučerašnji dan je bio naporan…"

„Jasno mi je… Ali da se ne javiš…"

Ukratko sam mu ispričala kako je bilo na sahrani i šta se desilo uveče, ne pominjući svoja osećanja i preokrete koje sam doživela. Onda sam skrenula razgovor na Pariz i *Srećne ljude*… Posle samo nekoliko sekundi imala sam utisak da mi priča o tuđem životu, koji me se ne tiče. Posmatrala sam razulareno more dok mi je pričao kako je Feliks ponosan zbog prometa ostvarenog za poslednja dva dana i kako priprema novo tematsko veče. Nisam bila ni oduševljena niti naročito radosna zbog toga. Lakonski sam ponavljala kako je to „lepo". Staklena vrata su se otvorila iza mojih leđa i ja se okrenuh, ubeđena da ću ugledati Deklana; prevarila sam se. Edvard, kome je kosa još bila mokra od tuširanja, pridruži mi se sa kafom i cigaretama. Pogledasmo se u oči.

„Olivje, moram da prekinem..."

„Čekaj!"

„Reci."

„Vraćaš li se sutra? Da li se stvarno vraćaš?"

„Uh... pa... zašto me to pitaš?"

„Nećeš ostati tamo?"

Nisam odvajala pogled od Edvarda, koji nije razumeo naš razgovor, ali sam po prodornosti njegovog pogleda znala da je shvatio njegov značaj. Oči mi se zamagliše. Šta god da se desi, pući će mi srce. Ali ovo je bio jedini mogući odgovor:

„Ništa se nije promenilo, vraćam se sutra."

Edvard duboko udahnu i nasloni se na ogradu terase, malo odmaknut od mene. Videla sam kroz staklena vrata da se Deklan igra automobilčićima. Pas ga je nadzirao krajičkom oka. Osećala sam da je Edvard tako blizu i tako daleko od mene. Sutra ću se vratiti u Pariz.

„Odlično", čuh u daljini Olivjev glas.

„Nemoj da dolaziš na aerodrom, nema potrebe... Ljubim te."

„I ja tebe."

„Vidimo se sutra."

Prekinula sam vezu. Popušila sam još jednu cigaretu okrenuta leđima prema moru. Nijedno od nas dvoje nije izustilo ni reč. Kad sam ugasila pikavac, reših da uđem u kuću.

„Idem da se obučem, moram da odem kod Džeka", saopštila sam Edvardu, s rukom na kvaci.

Otrčala sam na sprat ne rekavši ništa Deklanu, uzela čistu odeću iz putne torbe i zatvorila se u kupatilo, okrenuvši dvaput ključ u bravi. Ta prostorija je odisala Edvardovim prisustvom: ogledalo je bilo zamagljeno od njegovog tuširanja, osećao se miris njegovog sapuna. Dugo sam se tuširala toplom vodom grizući pesnicu; pustila sam suze da teku. Moje želje i moja osećanja nisu bili važni, već samo odgovornost i razum. Provešću s njima još dvadeset četiri sata. A onda idem.

Kad sam izašla iz svog skrovišta, čula sam da su Edvard i Deklan sasvim blizu – u radnoj sobi. Prišla sam i naslonila se na dovratak. Sedeli su ispred kompjutera, Edvard je retuširao fotografije i pitao sina šta misli o tome. Postali su bliski, bili su par. Nikad nisam bila u toj prostoriji. Pogled mi nije privukao opšti nered, već crno-bela fotografija koja je visila na zidu iznad monitora. Bila je uramljena i nekoliko puta prerađena da bi tako izgledala… To je bio izlog *Srećnih ljudi*, ja sam se nazirala iza stakla, nasmejana, pogleda uperenog u daljinu. Izgledala je kao jedna od onih fotografija paparaca. Kada ju je snimio? Onoga dana kad je došao da me vidi? Nemoguće, sve vreme sam gledala na ulicu, sigurno bih ga primetila. Bio je, dakle, sasvim blizu, ali me nije posetio. Njegove reči od pre nekoliko meseci još su mi odjekivale u ušima: „U tvom životu nema više mesta za mene."

„Dijan! Tu si!"

Deklanov glas me natera da se trgnem i podseti da nije pravi trenutak da tražim objašnjenje.

„Šta to radite vas dvojica?", upitah ušavši u sobu.

„Moram nešto da završim", odgovori mi Edvard.

„Hoćeš sa mnom kod Džeka, Deklane?"

„Hoću!"

„Brzo se obuci!"

On izjuri iz sobe. Nešto mi nije dalo da izađem odatle, ali sam ipak izbegavala Edvardov pogled.

„Moći ćeš da radiš na miru. Kaži kada da se vratimo."

Osetih da mi se približava.

„U koliko sati sutra imaš let?"

„U dva... Nećemo više o tome, važi? Uživajmo u ovom danu."

Podigla sam lice prema njemu, zagledali smo se jedno drugom u oči, disanje nam se ubrzalo, znala sam da za to malo vremena što nam je ostalo želim više od toga. Tela nam se okrznuše.

„Gotovo! Spreman sam!"

Edvard se naglo odmaknu od mene.

„Hajdemo!", rekoh Deklanu, pomalo preglasno.

Nesigurnim korakom izašla sam iz sobe. Deklan se pozdravio s ocem i mi siđosmo u prizemlje da obučemo kapute i stavimo šalove i kape; tog dana je bilo ružno vreme.

„Pošli smo!"

Zviznuh Poštaru Petu, koji doskakuta do nas. Otvorila sam vrata i Deklan gurnu svoju ručicu u moju šaku.

„Vidimo se uskoro", čula sam iza svojih leđa.

Pogledah preko ramena; Edvard nas je posmatrao sa stepenica. Nasmešili smo se jedno drugom.

***

Za razdaljinu koju sam obično prelazila za dvadeset minuta, sada mi je trebalo skoro sat. Svaki čas sam trčala za tim detetom; igrala sam se s njim, smejala se, kao da sam na sve moguće načine pokušavala da ga urežem u pamćenje, sačuvam u sećanju njegovu snagu, nagon za opstanak, da se nadahnem njim. Ili naprosto zato što sam ga volela, i što ću uskoro i njega napustiti. Nisam mogla da podnesem tu pomisao.

Utrčali smo u Ebinu i Džekovu baštu. Dugo neću moći da zamislim tu kuću bez Ebi. Džek je rasklanjao granje. Znala sam šta pokušava – hteo je da bude zaokupljen nečim ne bi li zaboravio, ne bi li ostao s njom… Ambivalentnost žaljenja za voljenom osobom.

„Ah, deco! Kakav ulazak!"

Deklan mu skoči u naručje. Džek mi je dao znak da im priđem i privukao me k sebi.

„Kako si jutros?", upitah ga. „Jesi li uspeo da odspavaš?"

„Recimo da sam se rano probudio."

Spustio je Deklana na zemlju.

„Tja… nije strašno! Nisam na godišnjem odmoru!"

Džudit je stajala podbočena na tremu, u radnoj odeći.

„Ne gunđaj, pomoći ću ti!"

Sređivala je kuću posle večere priređene prethodnog dana. Ja zavrnuh rukave i pridružih joj se. Na to nam je otišao ostatak prepodneva. Atmosfera je bila spokojna, Ebino odsustvo se osećalo, ali nismo bile potištene zbog toga. Kad smo je pominjale, Džudit i ja bismo se ponekad nasmejale, a ponekad bi nam zasuzile oči.

Oko podneva, Džek uđe u kuću sa Deklanom i založi vatru u kaminu. Poslala sam Džudit da se istušira, pa se bacih na spremanje ručka. Dok sam kuvala, videla sam kroz prozor da se Edvard parkira ispred kuće. Ukočila sam se. Ubrzo čuh kako pita Džeka gde sam. Nekoliko sekundi kasnije, nisam više bila sama u kuhinji: stajao je kraj mene.

„Treba li ti pomoć?"

„Ne", odgovorih gledajući ga ispod oka. „Treba samo da se postavi sto."

„To ćemo Deklan i ja uraditi."

Pozvao je sina, ali na kraju sve troje postavismo sto. Džek je hteo da nam pomogne, ali mu nisam dozvolila. Ubedila sam ga da ne ustaje i pružila mu novine: „Ti si gost u svojoj kući!"

Bilo mi je drago što sam ga nasmejala, isto kao i Edvarda. Iznosila sam lonac na sto kad je stigla Džudit. Ona zastade kad nas vide kako sve troje postavljamo sto. Pogledala me je u oči, pa osmotrila brata i zavrtela glavom.

Ručak se odužio, pa se Deklan uzvrpoljio. Mlatrao je rukama sedeći na stolici između Edvarda i mene. Nagnuh se ka njemu.

„Šta ti je?"

„Dosadno mi je."

Nasmešila sam mu se i pokazala glavom na Edvarda, koji je shvatio da se nešto domunđavamo i namignuo mi.

„Uzmi psa i idi napolje", predložio mu je.

Dečaku nije trebalo dvaput reći.

Pozvala sam ga. To je bilo jače od mene.

„Utopli se, hladno je."

„Hoću, obećavam!", viknu mi on sa ulaznih vrata.

„Večeras će pasti u krevet kao klada", rekoh Edvardu.

„Sva sreća."

Nasmešili smo se.

„Au, dođavala! Pa ti sutra putuješ!", uskliknu Džudit. „Ne bih volela da sam u vašoj koži!"

Oborila sam ramena; bila je u pravu.

„Pusti ih na miru, molim te", prekinuo ju je Džek.

„Mislim na vas", dodade ona. „I na njega."

„Nema potrebe da nas podsećaš", odbrusi joj brat. „Znamo i sami."

Spustila sam mu ruku na stegnutu pesnicu ne bih li ga smirila. Njegov pogled se malo zadrža na njoj, pa pređe na moje lice. Onda je uzeo moju ruku u svoju i ponovo se obratio sestri.

„Možeš li da dođeš ujutru da ga pričuvaš i odvezeš u školu? Moramo rano da krenemo na aerodrom."

„Naravno!"

„Sačekaj!", prekinuh ih. „Glupo je, Edvarde. Sama ću se snaći, iznajmiću…"

„Da ti nije palo na pamet!", prekide me on stegnuvši mi jače ruku.

„Deco! Smirite se", umeša se Džek.

Sve troje smo se okrenuli prema njemu.

„Dijan i Edvarde, prošetajte s Deklanom i idite pravo kući, ne vraćajte se ovamo. A ti, Džudit, idi da se provedeš i vidiš s prijateljima."

Brat i sestra se pobuniše, a ja pogledah Džeka; nisam htela da ga opterećujem svojim prisustvom – osećao je potrebu da ostane sam sa uspomenom na svoju ženu. Podigao je ruku i oni ućutaše.

„Vaši životi teku dalje... Ne bojim se samoće. Ne brinite za mene, ja ću živeti svoj mali život. Ionako popodne neću provesti s vama: idem kod Ebi."

Ovoga puta niko nije pokušao da mu protivreči. On ustade i poče da rasprema sto. Požurila sam da mu pomognem, a Džudit i Edvard su sledili moj primer. Trpezarija je za tren oka bila očišćena, a mašina za sudove uključena. Edvard zagrli teču i ode u baštu kod Deklana. Džudit mi priđe.

„Žao mi je što sam ono rekla, ali sekiram se zbog vas."

„Znam."

„Vidimo se sutra ujutru", reče, pa izađe iz kuhinje.

Džek i ja ostadosmo sami. On mi se široko nasmešio, pa raširio ruke i ja se šćućurih u njegovom naručju.

„Hvala ti što si došla, mala moja Francuskinjo..."

„Mesto mi je bilo ovde. Čuvaj se..."

„Ti znaš da si ovde kod svoje kuće."

„Da", promrmljah.

„Neću ti ništa više reći. Sve znaš..."

Poljubila sam ga u gustu belu bradu i pobegla iz kuhinje. Edvard, Deklan i Poštar Pet već su bili u kolima. Uđoh i sama u rendžrover i zatvorih vrata.

Upitno sam pogledala Edvarda u oči. Čula sam kako se Deklanov sigurnosni pojas otkopčava; ubacio se između nas dvoje, nalaktivši se na naše naslone za glavu. Osećala sam Edvardovo oklevanje, znala sam šta sve želi da me pita.

„Ostalo je još nekoliko sati", rekla sam.

Umesto odgovora, on upali motor i krenu.

Ostatak popodneva je proleteo. Edvard mi je pokazao još jedan mali deo Divljeg atlantskog puta. Otišli smo do prvih litica na ostrvu Akil. Nismo mogli da dođemo do reči od Deklana, koji je izigravao turističkog vodiča. Slušajući ga kako se razmeće svojim znanjem, Edvard i ja samo razmenjivali saučesničke poglede. Znali smo šta će nas zadesiti kad smo izašli iz kola, pošto je pljuštalo kao iz kabla. U brvnaru smo se vratili potpuno mokri. Edvard je najpre založio vatru u kaminu i poslao sina na tuširanje. Otišla sam za njim na sprat i presvukla se u suvu odeću. Dok se Deklan tuširao, namestila sam mu krevet, sredila sobu i pripremila stvari za školu. Kad je ušao u sobu, on krenu ka meni.

„Hoćeš li da mi pročitaš priču?"

„Izaberi knjige, pa ćemo otići dole da bismo bili s tatom."

Seli smo na trosed, prebacila sam mu ruku preko ramena i on mi se ugnezdio na grudima. Počela sam da čitam. Setih se svog neuspelog pokušaja da organizujem čitalačku radionicu za decu u *Srećnim ljudima*. Shvatila sam koliko sam napredovala. I dalje me je, međutim, mučilo jedno pitanje: da li bih mogla tako da se ponašam i da je to neko nepoznato dete? Nisam bila sigurna. Nisam se plašila da priznam sebi da volim Deklana. Držala sam do mesta koje mi je dodelio u svom životu. Povremeno bih podigla glavu s knjige i srela Edvardov pogled. On se u međuvremenu presvukao i sada je spremao večeru. Sigurno je u mom pogledu video tugu koja me je obuzela. U njegovim je, osim bola, bio i uobičajeni gnev. Primetila sam da ga dugo nisam videla kako daje oduška svom besu. Nismo pokazivali koliko nam je teško da bismo poštedeli Deklana. Uostalom, zar smo imali izbora?

Deklan je za stolom jedva držao oči otvorene, što je umirilo njegovog oca, koji ga je raznoženo posmatrao.
„Večeras spavaš u svom krevetu", rekao mu je.
„Dobro…"
Mora da je stvarno bio mrtav umoran kad nije ni pokušao da se raspravlja s njim. Edvard se namršti.
„Džudit će te sutra odvesti u školu."
„Dobro."
„Hoćeš li sada da odeš na spavanje?"
Dečak je samo klimnuo glavom, pa ustade od stola, priđe mi i uhvati me za ruku. Pošla sam za njim. On tada ode do oca, koga takođe uhvati za ruku. Pomislila sam: izdrži samo još malo. Razmenila sam pogled s Edvardom, koji uze sina u naručje. Dečak ga je obgrlio i rukama i nogama, ne puštajući mene. Kad smo ušli u njegovu sobu, Edvard ga spusti na krevet i pokri jorganom. Kleknula sam kraj njegovog lica. On automatski prinese nosu majčin šal, pa me slobodnom rukom pomilova po obrazu. Zažmurila sam.
„Nemoj da ideš, Dijan."
Njegova molba mi je mrvila utrobu.
„Spavaj, mališa. Vidimo se ujutru."
Već je utonuo u san. Poljubila sam ga u čelo i ustala. Edvard me je čekao na vratima, i opet je delovao napeto. Dok smo išli kroz hodnik, pažnju su mi privukla

otvorena vrata njegove radne sobe. Ušla sam ne pitajući ga za dozvolu i skinula fotografiju sa zida.

„Kad si ovo snimio?"

„Zar je bitno?", reče mi on ostavši na pragu.

„Molim te... Odgovori mi."

„Ujutru na dan otvaranja izložbe."

Glas mu je bio umoran. Oborila sam ramena, grlo mi se steglo. Naša složena i nemoguća veza, teškoće, tajne, neizgovorene reči, skrivena osećanja... sve nas je to oboje iscrpljivalo.

„A zašto je čuvaš?"

„Kao podsetnik."

Okrenuo se i strčao niz stepenice. Sela sam na njegov pisaći sto i upiljila se u fotografiju, koju sam i dalje držala u rukama. Na njoj sam bila ja, u *Srećnim ljudima*, kod kuće, u svom životu. Neosporno je da sam delovala srećno. Imala sam razloga da budem, tada se nikakva senka nije nadvijala nada mnom. Ili sam bar ja tako mislila... jer se, nekoliko sati nakon što je snimljena ta fotografija, sve okrenulo naopačke i izgubila sam vlast nad situacijom. Uverenje da sam donela ispravne odluke, za koje sam se borila mesecima, srušilo se poput kule od karata. Na kraju sam skrenula pogled sa fotografije pariske Dijan, vlasnice kafea-knjižare koja se zabavlja sa Olivjeom, i primetila gomilu fotografija koje su probudile neke druge uspomene: one koje je Edvard snimio na Ebin zahtev za vreme mog prethodnog boravka u Irskoj. Na njima smo bili svi zajedno; osim fotografa, razume se, ali se njegovo prisustvo na njima i te kako osećalo. Izvesno je da sam ja na njima bila drugačija. Nijednog trenutka nisam delovala odsutno, pogled mi je sve vreme bio uperen u nekog člana te porodice ili je tražio Edvarda. Zauzimala sam mesto koje mi je i pripadalo.

Edvard je sedeo na trosedu, s cigaretom u ustima, naizgled usredsređen na vatru u kaminu, sa dve čaše viskija na niskom stolu ispred sebe. Uradila sam ono što sam želela i što mi je u tom trenutku bilo potrebno. Sklupčala sam se uz njega, savila noge i spustila mu glavu na grudni koš; on mi je prebacio ruku preko ramena. Nekoliko dugih minuta ostali smo tako, ne progovorivši ni reč. Slušala sam otkucaje njegovog srca i pucketanje vatre.

„Dijan…"

Nikad ga nisam čula da govori tako tiho, kao da se sprema da mi otkrije neku tajnu.

„Kaži."

„Nemoj više da dolaziš ovamo, molim te."

Pribila sam se još više uz njega, a on me stegnu malo jače.

„Ne možemo više da se zavaravamo", nastavi. „Niti da glumimo…"

„Znam…"

„Neću da Deklan trpi zbog naše veze… već se previše vezao za tebe… želi da zauzmeš mesto koje ti ne možeš da imaš… Potrebna mu je stabilnost…"

„Moramo da ga zaštitimo… Nemamo izbora."

Protrljala sam lice o njegovu košulju; on me je poljubio u kosu.

„A ja… ja."

Odmaknuo se i naglo ustavši iskapio čašu i stao ispred kamina, leđima okrenut prema meni, pognutih ramena. Ja sam takođe ustala i krenula prema njemu. Primetio je to kad je pogledao preko ramena.

„Ostani tu..."

Zaustavila sam se. Sve me je bolelo: glava, srce, koža... Edvard duboko udahnu.

„Ne želim više da patim zato što te volim... ovo je nepodnošljivo... predugo traje... Ona fotografija nije više dovoljna da me podseća kako si izgradila novi život, u kome nisi ni Deklanova majka ni moja žena..."

Da li je bio svestan šta govori? Šokirale su me njegove reči i priznanja. Prvi put je govorio šta mu leži na srcu i to nas je bolelo.

„Tvoj život će uvek biti u Parizu."

„To je tačno", promrmljala sam.

On se okrenuo prema meni i pogledao me pravo u oči.

„Moram da te zaboravim jednom zasvagda..."

Ovo je zvučalo i kao obećanje i kao nesavladiv izazov.

„Oprosti mi", rekoh mu.

„Niko nije za to kriv... nikad nismo imali zajedničku budućnost... Nismo smeli da se sretnemo, a pogotovo da se ponovo vidimo... Nastavi svojim putem."

„Žališ zato što si me sreo?"

Ošinuo me je pogledom i odmahnuo glavom.

„Idi da spavaš... bolje tako..."

U prvi mah htedoh da ga poslušam; okrenula sam se i zaputila ka stepenicama. A onda stadoh. Nije imao pravo da mi sve to kaže, da podeli svoju patnju sa mnom, a da ne čuje moju. Šta on misli? Da će meni biti lako da precrtam njega i njegovog sina, da se vratim u Pariz i pretvaram se da volim Olivjea? Ja sam pripadala samo njemu, iako sam bila svesna da je naša veza nemoguća. Okrenuh se prema njemu; netremice me je gledao. Potrčala sam kroz dnevnu sobu i bacila se na njega. On me odgurnu; nije mi dozvoljavao da mu priđem.

„Ovo ne može ovako da se završi!"
„Dijan... prestani..."
„Ne, neću prestati! Imam nešto da ti kažem!"
„Ne želim da čujem."

Oštrina njegovog tona natera me da uzmaknem, a onda rekoh sebi da je bilo dosta. Obuhvatila sam mu lice šakama i poljubila ga. Besno mi je uzvratio poljubac, čvrsto me obgrlivši rukama. Unela sam u to svu svoju višemesečnu osujećenost. Podigla sam se na vrhove prstiju i pribila uz njega, trudeći se da se smanjim, stopim s njim, da mu budem što bliže. Htela sam više svega: njega, njegovih usana, njegove kože. Nikada nisam osetila tako snažnu požudu, niti tako jaku želju da se podam nekom muškarcu. Da, on mi je bio oslonac, ali mi je sada bio više od toga. U početku mi se nije sviđao, ili mi se nije sviđao na pravi način, a sada ga je želelo svako vlakno u mom biću, u mom srcu i telu. Volela sam njegovu snagu i njegove slabosti. Odvojio me je od sebe ispustivši bolni hropac.

„Samo ćemo još više patiti, prestani, molim te..."
„Jedna noć... Iluzija će trajati još jednu noć."

Borio se svim silama da zadrži vlast nad svojim osećanjima, nije hteo da živi u strahu od ljubavnog bola i pod teretom odgovornosti koju je sam sebi nametao.

Uhvatila sam ga za ruku i povela na sprat. Ostavila sam ga nakratko ispred njegove sobe i proverila da li su vrata Deklanove sobe zatvorena. Čekao me je naslonjen na dovratak.

„Još možemo da se zaustavimo", rekao je gledajući me u oči.

„Zar stvarno to želiš?"

Kad je zatvorio vrata, odveo me je do kreveta. Nije više bio izgubljen i slab; preuzimao je inicijativu. To mi je potvrdila odlučnost njegovog poljupca. Srušili smo se na krevet, obuzeti neodložnom potrebom da vodimo ljubav. Dok su nam se usne tražile i dok smo dodirivali jedno drugom kožu koja je gorela od žudnje, strgosmo odeću sa sebe. Deklanova blizina nas je prisiljavala da budemo nečujni, a zbog svesti da imamo pred sobom samo nekoliko sati predali smo se jedno drugom još strastvenije. Kad je prodro u mene, prestala sam da dišem i pogledi nam se susretoše. U njemu sam videla svu ljubav i požudu, ali i svu patnju koju je osećao. Uživanje u Edvardovom telu izmami mi suze. On se strovali na mene stegnuvši me još jače; zarobivši ga nogama, milovala sam ga po kosi. Onda sam mu obuhvatila lice rukama. Nežno me je poljubio. Oluja je prošla.

„Volim te", prošaputah.

„Nemoj to nikad više da kažeš… to ništa ne menja…"

„Znam, ali budimo potpuno slobodni ovih nekoliko sati."

Cele noći smo mogli neobuzdano da vodimo ljubav. Povremeno bismo zadremali, oznojeni, priljubljeni jedno uz drugo. Onaj ko bi prvi otvorio oči, probudio bi onog drugog milovanjem i poljupcima.

„Dijan…"

Sklupčala sam se i pribila još više uz njegov grudni koš, pa sam preplela noge s njegovima. Poljubio me je u slepoočnicu.

„Ustaću… Ne želim da nas Deklan zatekne zajedno."

Njegova opaska me potpuno razbudi.

„U pravu si."

Podigla sam glavu i prešla mu prstom duž stegnute vilice. On mi je uzeo ruku i poljubio me u dlan. Onda se odvojio od mene, seo na rub kreveta i rastresao kosu. Pogledao me je preko ramena; pokušah da mu se nasmešim, a on me pomilova po obrazu.

„Idem…"

„Dobro."

Okrenula sam mu leđa; nisam želela da vidim kako izlazi iz sobe, nisam želela da upamtim tu sliku, htela sam da se sećam samo te strastvene noći. U trenutku kad se vrata tiho zatvoriše, stegnula sam njegov jastuk iz sve snage.

Ostala sam u krevetu još nekih pola sata. Ustajanje i sakupljanje odeće razbacane po sobi stajalo me je nadljudskog napora. Borila sam se protiv starih demona: nisam želela da se umijem, htela sam da što duže sačuvam njegov miris na sebi. Ali Edvard nije bio mrtav.

Još se nije bilo potpuno razdanilo kad sam sišla u prizemlje. Ostavila sam putnu torbu u predsoblju. Šolja vrele kafe čekala me je na kuhinjskom pultu; popila sam nekoliko gutljaja, pa se zaputih ka terasi, gde je bio Edvard, s cigaretom u ustima. Iako me je čuo, nije reagovao. Priljubila sam se uz njega i uhvatila ga za ruku. Prepleli smo prste i on me poljubi u kosu uzdahnuvši. Zažmurila sam šćućurivši se uz njega. Čuli smo kako se neka kola parkiraju ispred brvnare.

„Evo Džudit", reče on.

Htedoh da se odmaknem od njega, ubeđena da on želi da naše pomirenje ostane tajna.

„Ne pomeraj se."

Pustio mi je ruku, pa me je još jače stegnuo u naručje. Zarila sam lice u njegovu košulju i udahnula punim plućima njegov miris. Ulazna vrata se zalupiše: Džudit i njena čuvena uviđavnost.

„Treba da probudimo Deklana", saopšti mi Edvard.

Uhvatih se za njegovu košulju.

„Hajdemo."

Uveo me je u kuću. Džudit nas je čekala s kafom u ruci, nalakćena na pult. Tužno se nasmešila.

„To je odavno trebalo da se desi… koliko ste čekali…"

„Ostavi nas na miru", odvrati joj grubo Edvard.

„Hej! Smiri se… ne zameram vam zbog toga. Zavidim vam, to je sve…"

Na stepenicama se začuo trk, a zatim Deklanov veseli glas:

„Spavao sam potpuno sâm! Tata! Dijan! Spavao sam potpuno sâm!"

Uspela sam da se odmaknem od Edvarda pre nego što mu je sin skočio u naručje. Silno se ponosio sobom, sav ozaren.

„Jesi li videla, Dijan?"

„Ti si šampion!"

Kad je primetio Džudit, pogled mu se zaledio. Na njegovom licu se odražavala sva surovost stvarnosti koja se upravo obrušila na njega. Onda se iskobeljao iz očevog naručja i odjurio u predsoblje. Povukao je kaiš moje putne torbe i upiljio se u mene.

„Šta je ovo?", viknu.

„Moja putna torba", odgovorih, prišavši mu.

„Šta će ona ovde?"

„Idem kući, zar si zaboravio?"

„Ne! Tvoja kuća je sada ovde, sa tatom i sa mnom! Ne želim da odeš!"

„Žao mi je…"

Oči mu se ispuniše suzama, pocrveneo je od srdžbe. Štaviše, od gneva.

„Nevaljala si!"

„Deklane, dosta je bilo", umešao se Edvard.

„Pusti ga", šapnuh mu. „U pravu je…"

„Mrzim te!", dreknuo je Deklan, pa se popeo trkom uza stepenice i zalupio vrata svoje sobe.

Edvard mi priđe i zagrli me.

„Kako smo mogli da budemo ovoliko sebični?", zajecala sam.

„Znam…"

„A sad tutanj!", reče nam Džudit.

Odvojila sam se od Edvarda i prišla joj.

„Dosadilo mi je da se pozdravljam s tobom. Čućemo se…"

„U pravu si…"

Edvard me je čekao na stepenicama ispred kuće, s mojom putnom torbom u ruci. Spremala sam se da prekoračim prag, ali stadoh. Sve se prebrzo odvijalo...

„Moram da se pozdravim s njim."

Popela sam se na sprat, preskačući po dva stepenika, i pokucala na vrata njegove sobe.

„Nije slobodno!"

„Ulazim, Deklane."

„Ne želim nikad više da te vidim!"

Ušla sam u sobu; on je nepomično sedeo na krevetu. Besno je obrisao obraze nadlanicom, gledajući pravo preda se. Sela sam pored njega.

„Žao mi je... Ulila sam ti nadu da ću ostati. U pravu si, lepo mi je s tobom i sa tvojim tatom, volim da budem ovde. Što se toga tiče, nisam lagala... Shvatićeš kad odrasteš... Ne radimo uvek ono što želimo: u Parizu me čekaju posao, obaveze... Znam da te to ne zanima... Često ću misliti na tebe, obećavam."

On mi se baci u naručje. Ljuljuškala sam ga poslednji put, ljubeći ga u kosu i zadržavajući suze. Ako vidi da sam tužna, neće razumeti zašto odlazim.

„Šššš... Biće sve u redu... Ti si hrabar dečko... Nikada te neću zaboraviti... Postaćeš veliki momak, snažan kao tvoj tata... Je l' važi?"

Držala sam ga još nekoliko minuta uza sebe, želela sam da ga uvek štitim, umirujem... Ali vreme je prolazilo...

„Tata me čeka u kolima..."

On me jače stegnu oko pojasa.

„Videćeš, super je što te tetka Džudit vodi u školu... i tata će doći po tebe posle časova. Sinoć sam ti spremila uniformu, treba samo da se obučeš..."

Odvojio se od mene i pogledao me svojim prelepim očima. Onda se uspravio, obisnuo mi se oko vrata i poljubio me. To je bio pravi detinji poljubac, vlažan i srdačan. Poljubila sam ga u čelo i on me pusti. Kad sam ustala, shvatila sam da je toj sceni prisustvovala Džudit.

„Doviđenja, Deklane."

„Doviđenja, Dijan."

Prišla sam vratima i zastala pored nje. Pogledale smo se i nasmešile, a onda je poljubih u obraz, pa siđoh niz stepenice. Poštar Pet je ležao u podnožju stepeništa. Pomilovala sam ga poslednji put i izašla iz kuće. Edvard je bio naslonjen na auto, s cigaretom u ustima. Bacih još jedan pogled na more i uđoh u rendžrover. Tren kasnije ušao je i on i upalio motor.

„Jesi li spremna?"

„Nisam... ali nikada neću ni biti, možemo, dakle, da krenemo."

Nekoliko sekundi sam zurila kroz prozor u brvnaru. A onda je auto krenuo i prošli smo kroz selo koje se budilo.

„Pogledaj ko je tamo", reče mi Edvard.

Ugledala sam Džekovu siluetu na kapiji ispred njegove kuće. Kad smo prošli pored njega, on podignu ruku. Okrenula sam se i pogledala pozadi: još malo je gledao u kola, a onda uđe u dvorište, poguren. Kad smo izašli iz Malrenija, uzela sam Edvardovu kutiju cigareta sa prednje table, izvadila jednu, zapalila je i uvlačila dim kao pomahnitala. Želela sam da udaram, vrištim, izbacim gnev iz sebe. Prvi put sam bila ljuta na Ebi: njena smrt me je dovela u tu nepodnošljivu situaciju. Bila sam potpuno svesna da je moja reakcija detinjasta, sebična, ali to je bilo moje jedino sredstvo za odbranu od tuge. Bila sam ljuta i na samu sebe: ja sam majstor za pravljenje sranja! Povređujem Olivjea, Edvarda, Deklana i Džudit. Posle svega sam i dalje hirovita, nespretna i sebična. Kao da me život nije ničemu naučio.

„Dođavola i život! Nek ide sve u majčinu!", opsovah na francuskom.

Nastavila sam da vičem, koristeći prilično živopisan rečnik. Uzela sam tašnu, izručila njen sadržaj u krilo i krenula da odvajam potrebno od nepotrebnog; morala sam da zaokupim nečim pažnju. Pepeo mi pade na farmerke i ja vrisnuh. Edvard me je ćutke puštao da besnim. Vozio je brzo, kao i obično. Malo-pomalo, moje nervno stanje se promenilo. Smirila sam se, disanje mi se usporilo, grlo i želudac vezali su mi se u čvor. Prestala sam da mlataram rukama i nogama i zavalivši se na sedište spustih glavu na naslon. Zurila sam u drum, ne videći predeo oko nas.

Vozili smo se nešto više od sat vremena kad Edvardu zazvoni mobilni telefon. Nisam slušala o čemu priča, već sam stoički čekala da završi razgovor.

„To je bila Džudit. Deklanu je bolje, otišao je u školu u boljem raspoloženju…"

Ova vest mi izmami smešak, koji mi vrlo brzo nestade s lica. Osetila sam Edvardov palac na obrazu: brisao mi je suzu. Okrenula sam se ka njemu: nikada mi nije delovao ni tako tužno, ni tako snažno. Bio je otac i podnosio je iskušenja zbog svog sina. Sebe je, po svom običaju, stavljao u drugi plan: Deklan je bio na prvom mestu. Ja sam isto tako razmišljala… Onda me je pomilovao po obrazu, pa spustio svoju veliku šaku na moju butinu; stavila sam ruku preko njegove i on se ponovo usredsredio na vožnju.

Ostatak putovanja trajao je kratko, isuviše kratko, i protekao je u mrtvoj tišini. Edvard mi je svaki čas brisao suze što su mi se slivale niz lice. Osećala sam se kao osuđenica koju vode na pogubljenje. Život i geografija će mi oduzeti muškarca i dete koje sam volela više od svega na svetu. Jedina će mi uteha biti što znam da postoje i da su dobro; nije mi ih oduzela smrt. Izgubiću ih zato što „nismo imali sreće", što ne živimo u istoj zemlji, što svako od nas dvoje ima svoj životni put. Prepustili smo se osećanjima ne uzevši stvarnost u obzir.

Stigli smo na parking dablinskog aerodroma. Kad je Edvard isključio motor, nijedno od nas dvoje nije izašlo iz kola. Ostali smo tako desetak minuta. On je bio zavaljen na svom sedištu, glave zabačene unazad, zatvorenih očiju i napetog izraza lica. Okrenula sam se prema njemu i pomilovala ga po bradi. Netremice me je gledao. U njegovom pogledu videla sam istu onu ljubav od protekle noći, ali i bol, sada još veći. On se odvojio od naslona, nagnuo ka meni i prislonio ovlaš usne na moje. Poljubac onda postade strastveniji. Kad ga je prekinuo, obuhvatio mi je lice šakama i naslonio čelo na moje. Dok su mu moje suze kvasile ruke, snažno je pritisnuo usne na moje.

„Hajdemo…"

„Da… vreme je…"

Zateturah se izlazeći iz kola. Edvard je prebacio moju putnu torbu preko ramena i uzeo me za ruku. Stegnula sam njegovu šaku iz sve snage i priljubila lice uz njegovu mišicu. Ušli smo u aerodromsku zgradu. Moj avion je, naravno, poletao na vreme. Stigli smo prerano, što je bilo dobro: želela sam da Edvard sačeka Deklana posle škole. Dečak nije smeo da bude predugo odvojen od oca. Odmah sam se čekirala i predala putnu torbu. Edvard me nije puštao. Stjuardesa nas odmeri.

„Putujete zajedno?", upita ga.

„Kamo sreće...", promrmljao je u bradu mrko je pogledavši.

„Ne", prošaputah. „Putujem sama."

Edvardove usne pronađoše moju slepoočnicu. Suze su mi neprekidno tekle. Stjuardesa nas pogleda još jednom, a onda se usredsredila na tastaturu. Zahvalila sam joj u sebi što mi nije poželela srećan put. Udaljili smo se od šaltera i ja pogledah na sat.

„Idi", rekoh Edvardu. „Obećala sam Deklanu da ćeš ga sačekati posle škole..."

Priljubljeni jedno uz drugo, prepletenih prstiju, prošli smo ponovo kroz celo predvorje, do mesta gde se obavljala bezbednosna kontrola. Povraćalo mi se, htela sam da vrištim, da ridam. Plašila sam se zato što ću ostati sama, bez njega. Ali Edvard nije mogao dalje. Privukao me je k sebi i čvrsto me zagrlio.

„Nemoj da voziš kao lud..."

Progunđao je nešto tužno i poljubio me u slepoočnicu. Uživala sam u tom nežnom postupku, koji je govorio sve o njemu... Da li ću ikada više imati taj osećaj da pripadam nekom muškarcu?

„Ne govori ništa više", zamoli me on. Glas mu je bio promukliji nego ikada.

Podigla sam lice prema njemu; strastveno se poljubismo, ječeći od tuge i zadovoljstva. Naše usne su se tražile, naslađivale, pamtile. Hvatala sam se za njegovu kosu, vrat, milovala mu bradu, dok su mi njegove ruke čvrsto stezale leđa, rebra. Svet oko nas prestao je da postoji. Morali smo, međutim, da se rastanemo. Priljubila sam se poslednji put uz njegov grudni koš i zarila mu lice u vrat; on me poljubi u kosu. Onda mi najednom postade hladno; njegove ruke nisu više bile oko mene. Edvard je uzmaknuo nekoliko koraka. Naši pogledi, koji se potražiše poslednji put, obećavali su i sve i ništa. Držeći avionsku kartu i pasoš u ruci, okrenula sam se i stala u red. Instinktivno pogledah unazad: Edvard je i dalje bio tu, s rukama u džepovima farmerki, natmuren, ozbiljan. Neki putnici ga uplašeno pogledaše. Ja sam jedina znala da nije opasan; njegov oklop se obnavljao pred njihovim očima. Pošto se red pomerao, putnici bi ga povremeno zaklonili i ja bih se svaki put uplašila da ga neću ponovo videti, poslednji put, na još jedan sekund. Ali on se nije pomerao. Već nas je delilo dvadesetak metara. Dok sam praznila džepove, skidala kaiš i izuvala čizme, osetih njegov pogled na sebi. Drage volje sam propuštala putnike kojima se žurilo. Skener će označiti kraj. Morala sam, međutim, da nastavim dalje. Podigoh se na vrhove prstiju i ugledah ga još jednom; već je imao cigaretu u ustima, spreman da je zapali čim izađe napolje. Napravio je nekoliko koraka prema meni, prevukavši rukom preko lica. Nisam više mogla: briznuh u plač. Edvard je to primetio i nastavio da mi prilazi vrteći glavom kako bi mi poručio da prestanem, da budem jaka.

„Gospođo, vi ste na redu."

Edvard se skameni. Uprkos razdaljini, naši pogledi zaroniše jedan u drugi.

„Znam", odgovorih policajcu.

Prošla sam kroz skener plačući, gledajući unazad. A onda je Edvard nestao. Stajala sam nekoliko minuta u čarapama pored pokretne trake; moje stvari su bile spljeskane ispod torbi drugih putnika, koje su se gomilale. Konačno se reših da se, posrćući, zaputim ka izlazu. Putnici su me gledali kao da sam pala s Marsa. Kao da nikad nisu videli da neko plače na aerodromu.

Dva sata kasnije zakopčala sam sigurnosni pojas, uzela telefon i poslala poruku Olivjeu: „U avionu sam, vidimo se u *Srećnim ljudima*." Nisam imala ništa drugo da mu kažem i bila sam tužna zbog toga. Isključila sam mobilni telefon. Nekoliko minuta kasnije i avion zarula po pisti.

11

U Roasiju sam rešila da uzmem taksi; nisam imala ni najmanju želju da se guram u javnom prevozu. U taksiju sam dobila poruku od Džudit: „Otac i sin su ponovo zajedno." Istog trena osetih olakšanje.

Platila sam vožnju i popela se u stan ne obišavši *Srećne ljude* ni Feliksa. Kad sam videla poluspakovane kutije u svojoj garsonjeri, postidela sam se što sam bila licemerna prema Olivjeu. Podstakla sam ga da se nada vezi i životu u koje ja sama nisam verovala. Zafrljačila sam putnu torbu i zatvorila vrata.

Ušla sam u kafe na zadnja vrata, primetila sam nekoliko gostiju – ali nisam ih pozdravila – i otišla za šank.

„Zdravo, Felikse", rekoh samo.

Potom sam uzela knjigu računa i proverila brojke koje su se odnosile na prethodne dane. Više zato da bih nešto radila nego što me je to istinski zanimalo…

„Dobar dan, Felikse, kako si? Nije bilo previše strašno dok si bio sam? Otpao bi ti jezik kada bi bila ljubazna prema meni!", viknu on.

Pogledala sam ga najsmrknutije što sam mogla. On razrogači oči.

„Kakvu si sad glupost napravila?"
„Nikakvu! Ostavi me na miru!"
„Nećeš se tek tako izvući."
„Uzmi slobodno veče, sigurno si umoran", rekoh mu.
„Nisam umoran, ali ti jesi bolesna!"
„Molim te, Felikse", prošištala sam. „Ne mogu dozvoliti sebi da se sad slomim."

Čvrsto sam se uhvatila za šank i stegnula zube, pokušavajući da kontrolišem disanje.

„U redu, idem... Srećno..."
„Sutra, Felikse... Sutra ćemo razgovarati... Obećavam."
„Ne sekiraj se! Poznajem te! Brzo izgubiš živce, ali se isto tako brzo i smiriš."

Olivje je došao, poguren, tek pred zatvaranje. Kad je otvorio vrata, ostala sam za šankom, koji mi je bio poput zaštitne ograde. Seo je na barsku stolicu, nalaktio se na šank i upiljio u mene. Nisam mogla da otvorim usta. On onda pogleda oko sebe, levo, desno, gore, dole, kao da pokušava da zapamti to mesto. Zaboravila sam koliko je oštrouman: sve je shvatio.

„Olivje... ne mogu više da se pretvaram..."
„Mogu da se ljutim samo na sebe... Želeo sam da verujem u to, nadao sam se da sam jači... Od dana

izložbe, od trenutka kad sam te video s njim… odbijao sam da se suočim sa istinom. A sve vreme sam osećao da voliš njega…"

„Oprosti mi…"

„Ne zanima me šta se desilo između vas dvoje i koliko to dugo traje. Jedino mi je žao što s njim nisi srećna…"

„Za to je kriva situacija u kojoj se nalazimo, a ne on."

„Njegov sin?"

„Udaljenost."

On obori glavu.

„Da ja imam dete, ne bi me ni pogledala…"

Bio je u pravu.

„Neću se zadržavati… Nema svrhe. Sutra ću pozvati agenciju za nekretnine da raskinem ugovor…"

„To ću ja uraditi…"

„Ne."

Ustao je, otišao do ulaznih vrata i otvorio ih, a onda se okrenu prema meni. Olivje je bio tako dobar prema meni, brinuo je o meni, pokazao toliko strpljenja, a ja sam ga odbacila.

„Čuvaj se", rekao je.

„I ti", promrmljah.

Zatvorio je vrata za sobom i ja se sruših na šank. Opet sam bila sama, ali sam ispala poštena prema samoj sebi i, pre svega, prema Olivjeu. Konačno. Pogasila sam svetla u *Srećnim ljudima* i popela se u stan vukući noge. Nisam pogledala ni putnu torbu, ni kutije, samo sam legla na krevet, u mrklom mraku, i upiljila se u tavanicu. Ponovo sam proživljavala poslednja tri dana, noć provedenu sa Edvardom, rastanak sa Deklanom… Bilo mi je tako teško. Silno su mi nedostajali, osećala sam se prazno. Moja garsonjera, do tada moj zaštitni mehur u koji sam se zavukla posle prvog povratka iz Irske, nije mi pružala nikakvu utehu. Osećala sam se kao u hotelu, kao da sam tu svratila nakratko, pre skoka u nepoznato. Uplašila sam se. Nisam više bila u svom domu. Svi moji oslonci su se raspadali.

Sutradan sam se probudila u zoru. Otvorila sam *Srećne ljude* više od sat vremena ranije. Dok sam ispijala treću kafu, pomislih na Deklana, koji je sigurno već stigao u školu; na Edvarda, koji je verovatno bio na plaži sa fotografskim aparatom u ruci ili u svojoj radnoj sobi. Kako su? Jesu li spavali? Da li se Edvard dobro drži? Nedostajem li mu isto koliko i on meni? A šta je sa Džekom? Da li se Džudit vratila u Dablin? Služila sam goste, osmehivala im se, ali to nije ništa menjalo, nije moglo da odagna ove misli i brige iz moje glave.

Od Feliksa nije bilo ni traga ni glasa, tako da sam veći deo dana provela sama, posmatrajući i slušajući *Srećne ljude*, sećajući se kakvi su nekada bili. Obavljala sam posao kao automat. Kad sam se obraćala gostima, imala sam utisak da glas koji izlazi iz mene nije moj, da neko drugi odgovara na njihova pitanja. Kao da sam posmatrala sebe sa strane dok sam izvodila te pokrete, obavljala uobičajene zadatke. Neosetno se stvorila distanca – štaviše, jaz – između mene i njih. Povremeno bih se uhvatila za šank ne bih li ostala čvrsto na zemlji. Da sam sklona misticizmu, obratila bih se svojim *Srećnim ljudima*, zamolila bih ih da me dozovu pameti, pozovu da im se vratim, ponovo očaraju i ispune radošću, popune provaliju koja se otvorila u meni zato što nije više bilo Edvarda i Deklana. Često sam bacala pogled na tablu sa fotografijama, na Kolena i Klaru, koje sam takođe zvala u pomoć. Trebali su mi odgovori. Onda sam se setila Ebi, i znala sam šta bi mi ona rekla. Nisam dozvoljavala sebi da razmišljam o budućnosti, o toj… nemogućoj budućnosti. Ali ona me je opsedala i bila je u mojim rukama.

Feliks predveče promoli nos u kafc. Stigao je pred samo zatvaranje, samo da bi dobio besplatno piće. Nije više bilo gostiju, što uopšte nije bilo tako loše: morali smo da razgovaramo u četiri oka. On prođe iza šanka, nasu sebi piće i pogleda me. Sigurno je procenio da i je meni potrebno nešto za podizanje raspoloženja, pa i meni nasu jedno. Onda se naslonio na zid i podigao čašu kao da mi nazdravlja; posmatrao me je pijuckajući.

„Gde si spavala prošle noći?"

„U svom stanu."

On nagnu glavu u stranu.

„Ah… A gde spavaš večeras?"

„Opet u svom stanu."

„A selidba?"

„Nema više nikakve selidbe."

Otpila sam veliki gutljaj vina da povratim samouverenost. Zatim zgrabih svoj najbolji izgovor za bekstvo – cigarete – i izađoh da pušim. Feliks, i sam zagriženi pušač, izađe za mnom i naslonivši se na izlog podrugljivo se nasmeja.

„Jebote! Nisam verovao da ćeš to uraditi..."

Spustila sam mu glavu na rame, najednom umorna od svega: od pitanja koja sam neprestano postavljala sebi, od odluke koja je od mene zahtevala ogromnu hrabrost i koja će se dramatično odraziti na moj život, a pre svega zato što su mi Edvard i Deklan nedostajali, iako smo se rastali samo dvadeset četiri sata ranije.

„Evo sad smo sami, možemo da razgovaramo", dodade Feliks. „On je dobar momak, mogla si da budeš srećna s njim..."

„Znam..."

„Ne želim to da ti kažem, ali... stvarno si budala!"

Uspravila sam se i stala kao ukopana ispred njega. Još mi se ruga! Bolje bi mu bilo da se pazi, raspoloženje mi je vrlo promenljivo.

„Mogu li da znam zašto sam budala?"

„Imaš dva tipa koji te vole, zaljubljena si u jednog od njih, a sama si. Sve si izgubila, to je stvarno glupo. I šta ćeš sad? Da čamiš u svom kafeu? Da čekaš trećeg?"

Feliks nije bio svestan šta je upravo uradio. Kao prvo, zahvaljujući njemu, najednom sam bila spokojna, iskrena prema samoj sebi. Kao drugo, kad je glasno izgovorio ono što sam ja mislila, dao mi je odgovor. Neću po drugi put izgubiti porodicu.

„Hvala ti, Felikse, na savetu..."

„Pa nisam ništa rekao!"

„Jesi, veruj mi... Treba mi jedna usluga..."

„Kaži."

„Možeš li da me zameniš sutra ujutru?"

Uzdahnuo je.
„Dobro... važi..."
„Hvala ti!"

Kad sam narednog dana u podne izašla iz agencije, malo mi se vrtelo u glavi. Prva etapa je bila završena, druga će biti po podne. I ukoliko ne bude neprijatnih iznenađenja, oglas će biti objavljen sutra. Onda će mi ostati samo da čekam. Pronašla sam klupu i strovalila se na nju. Ići ću do kraja, isto onako samouvereno kao kada sam prvi put otišla u Irsku. Uzeh telefon i okrenuh njegov broj. Naravno, nije se javio; zamišljala sam ga kako pilji u moje ime na displeju. Nisam odustala, već sam ga pozvala ponovo, pa još jednom, i još jednom... Javio se posle mog petog pokušaja.

„Dijan..."

Kad sam čula njegov promukli glas, zadrhtala sam od glave do pete.

„Ne smeš da me zoveš..."

„Edvarde... neću da te zadržavam, moram nešto da ti javim."

On uzdahnu i ja čuh zvuk njegovog upaljača.

„Upravo sam izašla iz agencije za nekretnine... Prodajem *Srećne ljude*. I ako me ti i Deklan još hoćete..."

Uzbuđenje me savlada. Edvard je ćutao. Na kraju se zabrinuh.

„Jesi li tu?"

„Da... ali... to mesto... tvoj muž i ćerka... ti..."

„Ne... to nisu oni. Ja njih nosim u sebi. A sada ste tu ti i Deklan. Ovo što se nama desilo vrlo je retko... Ne želim da provedem život bez vas, Deklan treba da bude tamo gde su mu koreni... Vi niste stvoreni za život u Parizu, ali ja jesam stvorena za život u Malreniju..."

„Dijan... Ne mogu da verujem..."

„Ma možeš. Ti i ja, zajedno s Deklanom... mi nismo više iluzija. Ja nikad neću biti majka tvom sinu, ali ću biti podrška njegovom ocu, kome ću pomagati da ga podiže, i daću mu svu ljubav koju mogu da dam... I biću tvoja žena... To može da bude naš život ako ti to još želiš..."

Prošlo je nekoliko dugih sekundi. Onda sam čula kako diše.

„Zar sumnjaš u to?"

Pola sata kasnije ušla sam u *Srećne ljude* zatresavši zvonce iznad vrata. Feliks je ćaskao za šankom sa gostima. Njegov svet će se srušiti. Prišla sam mu, poljubila ga i nasula sebi kafu.

„Moramo da razgovaramo", saopštila sam mu bez ikakvog uvoda.

„Da nisam gej, pomislio bih da raskida sa mnom..."

Svi prsnuše u smeh. Osim mene. Ono što je rekao nije bilo daleko od istine.

„Ostavićemo vas nasamo!", uzviknuše gosti uglas.

„Dobro, šta ti se desilo?", upitao je kada smo ostali sami.

Pogledah ga u oči.

„Po podne će doći dva agenta za nekretnine..."

„U redu. I šta onda?"

„Doći će da procene *Srećne ljude*."

On zavrte glavom, razrogači oči i lupi pesnicom o šank.

„Prodaješ kafe?"

„Da."

„Sprečiću te!", dreknu on.

„Kako?"

„Zašto to radiš?"

„Izgubila sam porodicu, nisam ništa mogla da učinim kako bih to sprečila i trebalo mi je vremena da se pomirim s činjenicom da Kolen i Klara neće vaskrsnuti. Ne želim da ponovo izgubim porodicu. Edvard i Deklan su živi, oni su moja porodica, Džek i Džudit takođe, u Malreniju se osećam kao kod kuće…"

„A ja?"

Glas mu postade piskav.

„A ja?", ponovi. „Mislio sam da sam ti ja porodica!"

Videla sam kako mu se nekoliko suza sliva niz obraze; moje su tekle u potocima.

„Ti jesi i ostaješ moja porodica, Felikse… Ali ja volim Edvarda i ne mogu da živim bez njega… Preseli se sa mnom u Irsku!"

„Jesi li ti luda? Zar misliš da želim da vam držim sveću i izigravam bebisiterku?"

„Ne, naravno da ne mislim", odgovorih, oborivši glavu.

Vratio se u kafe, uzeo kaput i zapalio cigaretu u kafeu. Pošla sam za njim, obuzeta panikom.

„Šta to radiš, Felikse?"

„Odoh ja! Ne želim da prisustvujem tome… Osim toga, moram da pronađem novi posao, tvojom krivicom ću završiti na birou."

Već je otvorio vrata.

„Ne, Felikse, nećeš ostati bez posla. Tražila sam da te kupac zadrži."

„Aha, kao nameštaj!"

On zalupi vrata toliko jako da pomislih da će se staklo rasprsnuti, i izlete na ulicu. Zvono je još dugo zvečalo. Prvi put mi je zvučalo morbidno... Šokirala me je njegova naprasita reakcija.

Nisam, međutim, mogla dugo da se brinem zbog Feliksa i njegove, ali i svoje tuge. Grabljivci iz agencije za nekretnine stizali su jedan za drugim. Hladno sam ih posmatrala dok su razgledali kafe i uzdržano i ravnodušno odgovarala na njihova pitanja. Nisam više bila vezana za *Srećne ljude*, koji uskoro neće biti *moji*. Morala sam da se naviknem na to, pošto ću sutra otići da potpišem ovlašćenje za prodaju. Feliks se celog dana nije pojavljivao. Zatrpala sam ga porukama, ali su one ostale bez odgovora: nije bilo ni izvinjenja, ni pretnje da će porušiti sve mostove između nas, a ni kuknjave. Opet sam imala utisak da sazrevam, postajem odrasla osoba. Svaka odluka je podrazumevala gubitke, zbog nje sam morala da ostavim delove svog života iza sebe. Nipošto ne bih želela da ostanem bez Feliksovog prijateljstva; on mi je bio poput brata koga nisam imala, bio mi je saučesnik, čovek od poverenja i srodna duša, moj spasilac u teškim trenucima... ali Edvarda sam volela više. Feliks je duboko u sebi znao da bih ga ostavila i zbog Kolena. Nadala sam se da će me na kraju razumeti. Edvardov telefonski poziv u deset uveče spasao me je napada depresije. Dok sam razgovarala s njim, legla sam u krevet, zavukla se pod jorgan i krenula da pričam o našem budućem zajedničkom životu. Kao što sam i očekivala, nije bio toliko pričljiv, osećala sam da je još sumnjičav, da mu je teško da poveruje u to. Za njega, hiljadama kilometara od Pariza, moja odluka je i dalje bila apstraktna. Objasnio mi je kako neće odmah reći Deklanu, radije će malo sačekati... Razumela sam ga. Uostalom, bili smo svesni da će proći izvesno vreme pre nego što kupim avionsku kartu u jednom pravcu.

Kad je u izlogu sutradan uveče osvanula tabla s natpisom „na prodaju", reših da mu pošaljem nešto konkretno. Izašla sam napolje, prešla na drugu stranu ulice i pronašla mesto odakle je on snimio fotografiju koja je krasila zid njegove radne sobe. Trebalo mi je nekoliko sekundi da umirim ruke i disanje. Kako da to izbrišem iz sećanja: *Srećni ljudi čitaju i piju kafu*, na prodaju. Oni su takođe bili deo moje porodice, a sada sam ih ostavljala iza sebe. Snimila sam fotografiju smartfonom i poslala je Edvardu, proprativši je sledećim rečima: „Ovo nije više iluzija, nisam više unutra." Odgovorio mi je istog trena: „Kako si?" Šta da mu kažem a da se ne zabrine? „Dobro, ali mi nedostajete." Fotografija koju sam dobila izmami mi osmeh. Edvard je počinjao da se opušta; poslao mi je selfi: on i Deklan, nasmejani, na plaži. Spremala sam se da pređem ulicu kad ugledah Feliksa kako stoji šokiran ispred izloga i table. Prišla sam mu i zagrlila ga. Drhtao je.

„Izvini", rekoh mu.
„Jesi li sigurna da je vredno toga?"
„Jesam."

„Kako možeš to da znaš?"

„Na osnovu ovoga."

Pružih mu telefon sa Deklanovom i Edvardovom fotografijom preko celog displeja. Zurio je u njih nekoliko dugih sekundi, ne prestajući da se trese. Onda je uzdahnuo, pogledao me, pa okrenuo glavu i zagledao se u neku tačku u daljini.

„Stvarno je trebalo da mu razbijem njušku... makar završio u ćuzi."

Nasmeših se; nije potpuno izgubio smisao za humor.

„Hoćemo da uđemo?"

Ne sačekavši njegov odgovor, uvedoh ga u *Srećne ljude* vukući ga za ruku. Nasula sam nam piće. On sede s druge strane šanka, gde je bilo predviđeno za goste.

„Posetićeš nas?"

„Ne znam... Daj mi vremena da se naviknem na to..."

Nekoliko dana kasnije osetila sam nelagodu kad sam, na početku radnog vremena, ugledala Olivjea ispred *Srećnih ljudi*. Nisam ga videla od našeg raskida. Imala sam utisak da se to desilo pre mnogo godina. Već mi je bilo nezamislivo da je trebalo da živimo zajedno. Otvorio je vrata i ja primetih torbu koju je držao u ruci. On je spusti na pod pored ostave, pa sede za šank.

„Ja bih da naručim tvoj recept za sreću. Potreban mi je."

Dva minuta kasnije, kad sam mu donela kafu, prekinuo je tišinu.

„Nije ti dugo trebalo da se odlučiš", reče uzdahnuvši.

„To je tačno… Olivje, oprosti mi za sav bol koji sam ti nanela…"

On podiže ruku i ja ućutah.

„Srljali smo u propast… Ja pogotovo."

Popio je kafu iz jednog gutljaja, pa ustao i pokazao mi na torbu.

„Mislim da su ovo sve tvoje stvari…"

„Hvala ti", prošaputah.

Prišao je vratima u nekoliko koraka, pa se ponovo vratio do mene. Ostala sam stoički iza šanka. On se malo nasmeši.

„Hajde da se pozdravimo, neću više dolaziti ovamo, ići ću na posao drugim putem da ne bih više prolazio pored tvoje zgrade."

„Stvarno mi je žao."

„Prestani da se izvinjavaš. Ja ne žalim što sam te upoznao, niti zbog onoga što smo zajedno proživeli. Voleo bih da se drugačije završilo… ali takav je život…"

Pogledao me je još jednom, pa nestade. Olivje je izašao iz mog života. Da li sam ga stvarno volela? Bila sam zaljubljena, osećala sam nežnost prema njemu, ali ljubav… Da nisam ponovo videla Edvarda, možda bi moja osećanja prema njemu evoluirala. Ili naprosto ne bih ni pokušala da dokučim kakva su ona zaista. Nikada to neću saznati, ali je izvesno da su moja sećanja vezana za njega već bila mutna: u mom životu su sada postojali samo Edvard, trenuci provedeni s njim i moja irska porodica. Kada sam razmišljala o tome, srce mi je brže kucalo, obuzeo bi me osećaj spokojstva i ispunjenosti.

* * *

Narednih mesec dana bilo je, međutim, psihički iscrpljujuće. Potencijalnih kupaca je bilo sve više... ali su se sve posete završile neuspešno. Nisam dobila nijednu ponudu. Očajavala sam i gubila strpljenje, a agenti su dobijali napade besa zbog Feliksa: smatrali su da je on odgovoran za takvu situaciju. Činjenica je da se nije mnogo trudio. Uveravao me je, međutim, kako želi da ostane i radi u *Srećnim ljudima* i posle mog odlaska. Svaki put kada bi se potencijalni kupac pojavio na vratima, postao bi nepodnošljiv, otaljavao je posao, odgovarao preko volje na njegova pitanja ili bi ga poslao dođavola. Samo je jednom bio raspoložen za razgovor i to dok je pričao kako obožava da pravi žurke i spava dokasno. Nisam mogla da ga stavim na njegovo mesto; nikada se prema njemu nisam ponašala kao gazdarica, i oduvek sam ga smatrala svojim ortakom. Nisam mogla da se tako ponašam ni sada kada sam ga ostavljala; dovoljno sam ga povredila. Štaviše, agenti su mogli da se uvere u moju gadnu narav kada su zatražili da izbacim Feliksa iz klauzula ugovora o prodaji. To je još bio moj kafe i nameravala sam da držim uzde do samog kraja. Bez Feliksa neće biti ni *Srećnih ljudi*; tako će u njima ostati i deo mene, i neću im potpuno okrenuti leđa. Osim toga, želela sam da spasem Feliksa.

Stavljeno mi je do znanja da mi je poseta najavljena za taj dan poslednja prilika da prodam kafe. Nekoliko minuta pre nego što je potencijalni kupac stigao, odvedoh Feliksa na stranu.

„Pazi, molim te, kako se ponašaš... Prestani da odlažeš neizbežno..."

„Nevaljao sam, znam..."

Sklupčala sam se u njegovom naručju i on me snažno stegnu uza sebe. To je konačno bio onaj stari Feliks. Bar na tren. Kad odjeknu zvonce, on mrko pogleda prema vratima i pusti me.

„Idem da pušim."

Prošao je pored agenta za nekretnine i njegovog klijenta promrmljavši „dobar dan". Nije još sve bilo izgubljeno! Nabacih svoj najlepši osmeh i krenuh ka posetiocima. Agent izbeči na mene oči zbog Feliksa, ali ja nisam obraćala pažnju na njega, nego pružih ruku čoveku koji je čekao pored razgledajući oko sebe.

„Dobar dan, gospodine, dobro došli u *Srećne ljude*."

Čvrsto mi je stegnuo ruku i prodorno me pogledao. Onako pristojan i lepo vaspitan, sa klabmaster naočarima i u odelu šivenom po meri, delovao je besprekorno, preozbiljno za *Srećne ljude*.

„Frederik, drago mi je. Dijan? Je l' tako beše?"

„Da..."

„Dozvolićete mi da natenane razgledam lokal, posle ćemo razgovarati."

„Osećajte se kao kod kuće."

„Još sam ovde gost, potrebna mi je vaša dozvola."

Tumarao je po *Srećnim ljudima* gotovo pola sata, ne obraćajući pažnju na agenta, koji se motao oko njega. Brižljivo je pregledao svaki kutak, prelistao nekoliko knjiga, pomilovao drveni šank. U trenutku kad je pogledao na ulicu kroz izlog, Feliks reši da se vrati. Nakon što su se odmerili pogledom, moj najbolji prijatelj zauze svoje mesto za šankom. Frederik mu priđe i sede preko puta njega.

„Sa vama ću raditi?"

„Izgleda", odgovori mu moj najbolji prijatelj. „Nisam raspoložen da odgovaram na pitanja."

Evo, opet počinje!

„Znam sve što treba da znam", saopšti mu Frederik, ne skidajući osmeh sa usana.

Izgleda da ga Feliksovo ponašanje nije šokiralo; on ustade i dade znak agentu da pođe za njim napolje. Nekoliko minuta su razgovarali na pločniku.

„To je bilo jače od mene, Dijan…"

„Moglo je da bude i gore, ipak si se potrudio. Bar mu nisi rekao da šmrčeš koku na šanku, kao prethodnom."

„Stvarno sam to uradio?"

Frederik otvori vrata i, obraćajući se meni, reče:

„To nije baš uobičajeno, ali voleo bih da izađemo na večeru kako bismo razgovarali o *Srećnim ljudima* i kako bih dobio od vas sve potrebne informacije. Može li večeras? Da dođem po vas?"

„Uh…"

„U osam."

Onda pogleda Feliksa i ode.

„Ko je ovaj tip?", progunđa Feliks. „Tvoj Irac neće baš biti oduševljen", primeti, prsnuvši u smeh.

„To je tačno, ali je bar uspeo da te nasmeje."

Da bih izbegla raspravu s Edvardom, samo sam mu poslala poruku: „Idem s kupcem na večeru, zovem te posle." Isključila sam telefon. Tajanstveni Frederik je stigao u osam sati i jedan minut i, ne obraćajući pažnju na Feliksa, poveo me sa sobom. Ćutke smo pešačili do restorana na Trgu Svete Katerine, gde je rezervisao sto. Uprkos njegovom, najblaže rečeno, čudnom ponašanju, vrlo brzo postalo mi je prijatno u njegovom društvu. Kratko mi se predstavio: nekada je bio direktor jedne firme u četvrti Defans i, pošto nije imao porodicu koju bi izdržavao, ima pozamašnu ušteđevinu u banci. Želeo je da započne novi život, ali da ostane u Parizu, koji mu je prirastao za srce. Zatim je hteo da sazna kako su nastali *Srećni ljudi*. Kočnice popustiše i ja mu sve ispričah: o Kolenu i Klari, svojoj nepodnošljivoj tuzi, odlasku u Irsku, o Edvardu, njegovoj naravi, ljubavi prema meni i mojoj prema njemu, njegovom sinu i odluci da sve ostavim kako bih s njima krenula od nule.

„A Feliks?", prekinu me on iznenada.

Prešla sam na drugo poglavlje svog života i njegova pažnja se udvostručila. Ništa mu ne prećutavši, objasnila sam na kraju koliko Feliksu teško padaju prodaja *Srećnih ljudi* i moj odlazak.

„Ako kupite kafe, u početku će vam biti teško da izađete s njim na kraj, ali vas molim da budete strpljivi, on je divan, njemu je mesto u *Srećnim ljudima*, on je njihova duša, više nego ja."

„Dijan, vi ste žena njegovog života", reče mi on pogledavši me pravo u oči.

„Oh, moram odmah da vas prekinem. Varate se, Feliks je gej."

„Znam... ali ostajem pri tvrdnji da ste vi žena njegovog života, koju će sada izgubiti. Imao je vas i svoju majku. Znam kako je to."

Nasmešio se krajičkom usana da bi mi potvrdio ono što sam i sama shvatila.

„Na kraju uvek ostavite homoseksualca svog života da biste bili sa muškarcem svog života. A mi nismo pripremljeni za to."

Podigao je ruku kako bi zatražio račun i platio je pre nego što sam stigla bilo šta da kažem.

„Otpratiću vas", predloži mi.

Klimnuh glavom i mi krenusmo ka *Srećnim ljudima*.

„Obećavam vam da ću brinuti o njemu", reče mi prekinuvši ćutanje. „Preboleće ovo i jednoga dana će doći da vas poseti..."

„Sačekajte, Frederiče! Šta vi to hoćete da mi kažete?"

„Kupujem vaše *Srećne ljude* i čvrsto sam rešen da u njima budem srećan... sa Feliksom."

„Samo tren! Kupujete *Srećne ljude*?"

„Pa upravo sam vam rekao! Uskoro ćete ponovo biti sa Edvardom i njegovim sinom."

„A Feliks? Šta nameravate?"

„Da ga zavedem..."

Razrogačih oči.

„Ne sumnjam u vaše zavodničke sposobnosti, ali Feliks ne zna šta je monogamija."

„To ćemo videti..."

Po njegovom pogledu shvatila sam da će uspeti.

„Sve ću srediti sa agencijom i svratiću sutra do vas. Laku noć, Dijan. Pozdravite Edvarda."

Kad sam krenula uza stepenice, stadoh i uštinuh se za ruku. Bol me je uverio da nisam sanjala to veče. Čim sam ušla u stan, legla sam na krevet, s telefonom u ruci. Edvard se odmah javio, dreknuvši:

„Da mi nikad više nisi priredila nešto slično! Ko je taj tip s kojim si provela veče?"

„Novi vlasnik *Srećnih ljudi*, koji je zaljubljen u Feliksa."

„Šta?"

„Dobro si razumeo... Uskoro dolazim... i ne moram više da se brinem za Feliksa..."

Od tog trenutka sve se odvijalo vrlo brzo. Pošto je Feliks imao ovlašćenje, nisam morala da ostanem do okončanja prodaje *Srećnih ljudi*. Nisam mogla više da izdržim. Frederik se ponudio da preuzme moje mesto kako bi se privikao na *Srećne ljude* i na posao, ali i u nadi da će smekšati Feliksa. Ovaj se u prvo vreme bunio, ali je onda legao na rudu. Nije ni slutio šta njegov budući gazda smera. Šokiraće se kad bude shvatio. Frederik je polako postajao nezamenjiv. Puštala sam ih da odmeravaju snage i privikavaju se jedan na drugog i pripremala se za veliki odlazak. Pravi, poslednji. Spakovala sam sve stvari koje će za nekoliko nedelja stići u Malreni, ugasila račune u banci i popunila tone i tone formulara. Svakoga dana sam razgovarala telefonom sa Edvardom i Deklanom. Tačnije, s Deklanom! Edvard nije mnogo pričljiv, za njega su telefonski razgovori pravo mučenje...

Moj poslednji dan u Parizu. Sutra letim. Ovo će biti moje poslednje popodne u *Srećnim ljudima*. Pre toga sam prešla put kojim više od godinu dana idem svakog ponedeljka. Noge su mi se tresle kad sam izašla iz metroa. Ušla sam u najbližu cvećaru; prodavačica me poznaje odranije. Poslednji put sam lično kupila buket belih ruža i otvorila račun. Svake nedelje će im ostavljati isti takav buket. Prijateljski sam je poljubila, pa se zaputih ka groblju. Išla sam polako centralnom stazom. Kad sam stigla do njih, kleknula sam, izvadila iz vaze uvele ruže, koje spustih iza sebe, i stavila sveže. Onda sam pomilovala mermer.

„Eh... ljubavi moje... vi ćete uvek biti moje ljubavi. Sutra putujem... Već smo razgovarali o tome, Kolene... Ti znaš da te nikad neću zaboraviti. Edvard nije zauzeo tvoje mesto... Ja ga volim i to je sve. A ti, Klaro... Mogla si da imaš brata poput Deklana... Ja nisam njegova mama, uvek ću biti samo tvoja. Moj novi život počinje sutra na mestu koje vi ne poznajete, ali je sada moj dom. Ne znam kada ću doći da vas obiđem... Ali vi ćete uvek biti sa mnom... Ako ne možete da pronađete put, pitajte Ebi, ona će vam reći kako da stignete do plaže... Volim vas... Uvek ću vas voleti..."

Prislonih još jednom snažno usne na njihov spomenik, a onda sam se udaljila ne okrećući se.

Popodne je proletelo – čim bi jedan gost izašao, drugi bi ušao. Nisam se ni okrenula, a već je bilo sedam; poslednji dan koji sam provodila u *Srećnim ljudima* kao gazdarica bližio se kraju. Nisam imala vremena da razmišljam.

„Uf! Sledećeg koji pokuša da uđe tresnuću vratima u njušku!", progunđa Feliks.

U tom trenutku uđe Frederik, koji mu u šali reče:

„Možda ipak nećeš."

Frederik mi je prišao i poljubio me, pa se rukovao s Feliksom preko šanka.

„Svratio sam da ti poželim srećan put."

„Hvala, lepo od tebe."

Vrlo brzo smo prestali da persiramo jedno drugom. Srećom, pošto sam slutila da će uskoro postati član moje neobične porodice... U svakom slučaju, nadala sam se tome.

„Popijmo šampanjac tim povodom", predloži Feliks, pa izvadi bocu iz frižidera i otvori je.

„Podseća li te na nešto?", upita me, pružajući mi bocu i gledajući me pravo u oči.

„Nikad neću zaboraviti to veče!", odgovorih mu očiju punih suza.

„Ne sekiraj se, večeras pijemo šampanjac bez alkohola... Pretpostavio sam da se Edvardu ne bi svidelo da stigneš tamo sa tri promila alkohola u krvi."

Otpila sam veliki gutljaj iz boce, pa mu je vratila. Feliks mi pokaza glavom na Frederika, koji je odbio. Feliks mu priđe.

„Je l' ti hoćeš da uđeš u porodicu? Onda pij i ćuti!"

Prkosno su gledali jedan drugog. Nekoliko sekundi sam imala utisak da sam suvišna. Između njih će sevati varnice... Frederik je otpio gutljaj, pa pružio bocu Feliksu, koji se vratio iza šanka. Boca je za tili čas bila prazna.

„Ostaviću vas da pričate u četiri oka. Vidimo se sutra", reče Frederik mom najboljem prijatelju.

Ispratila sam ga na ulicu.

„Ostavljam ti ih", rekoh mu samo.

„Biće u dobrim rukama."
„Verujem ti."
„Vidimo se uskoro, Dijan…"
Feliks me je čekao sedeći na šanku, s novom bocom u ruci. Ja sedoh pored njega i prislonih mu glavu na rame.
„Ne mogu da razgovaram s tobom, Dijan. Previše mi je teško…"
„Ne sekiraj se…"
„Častim te pićem na račun mog novog gazde."
Proveli smo veče sedeći jedno pored drugog, prazneći boce i držeći se povremeno za ruku. U *Srećnim ljudima* je bilo zadimljeno kao u pušnici, pošto smo palili cigaretu za cigaretom. Feliks bi me svako malo snažno zagrlio. A na kraju me je iznenadio svojom molbom:
„Nemoj da nosiš pano sa fotografijama, ostavi ga meni."
„To je uvek i bio tvoj pano. Odnećeš ga u stan?"
„Ne, ostaće ovde. Dogovorio sam se s gazdom: objasnio sam mu da bez Kolena, Klare i tebe ne bi ni bilo *Srećnih ljudi*…"

Sat kasnije, posle još jedne ispijene boce, pokazivala sam prve znake umora.
„Idi da spavaš", reče mi on. „Sutra te čeka veliki dan, videćeš se ponovo sa svojim momcima. Ali pre toga moram još nešto da uradim."
On uze barsku stolicu i odnese je do vrata, pa se pope na nju kako bi skinuo zvonce.
„Ne možeš da odeš bez uspomene…"

Briznula sam u plač i bacila mu se u naručje. Pustila sam da iz mene isteku sve suze koje sam poslednjih dana zauzdavala. Feliks me je snažno stegnuo.

„Ne mogu da idem s tobom sutra na aerodrom."

„I ne želim da ideš."

„U koliko sati ti dolazi taksi?"

„U sedam."

„Ostavi ključeve u garsonjeri. Zatvori večeras kafe poslednji put."

On se uspravio, uhvatio me za ramena i pogledao pravo u oči.

„Zdravo, Dijan!"

„Felikse…"

Onda me je pustio i izašao u mrak. Još jednom je pogledao kroz izlog, pa nestade… Obrisala sam nadlanicom obraze, pa izvadila svežanj ključeva iz džepa. Prvi korak: okretanje ključa. Drugi: okretanje pločice na vratima. Treći: ubacivanje u izlog natpisa „novi vlasnik". Četvrti i poslednji: gašenje svetla. Zahvaljujući svetlosti uličnih lampi, u kafeu je bilo kao u po bela dana. Sve što je bilo unutra izabrala sam zajedno s Kolenom, to mesto je bilo deo mene, i iako sam ga jedno vreme – predugo – zapostavljala, u njemu sam sazrela. Kad se budem vratila – ako se ikada vratim – neću moći da ga prepoznam; promene su neminovne, novi vlasnik je čovek jakog karaktera, želeće da svemu dâ lični pečat… To je normalno, ja se tu nisam više ništa pitala. Prođoh pored polica, prepunih lepo poslaganih knjiga, spremnih za čitanje. Onda sam otišla iza šanka i pomilovala glatku, sjajnu drvenu površinu.

Pomerila sam malo nekoliko čaša koje su virile iz reda. Poređala na gomilu knjige računa i narudžbina i ispravila pano sa fotografijama. Najzad se zaustavih ispred aparata za kafu i nasmeših se setivši se dana kad sam se izdrala na Feliksa zato što nije znao kako se pravilno čisti. Poželela sam da spremim sebi kafu, ali sam se predomislila; ne bi mi prijala, imala bih utisak da je podgrejana. Nisam želela da se sećam poslednje kafe koju sam popila u *Srećnim ljudima*, bolje da to ostane maglovit trenutak, zaustavljen u vremenu, sa žagorom gostiju u pozadini, Feliksovim smehom, zvucima ulice. Došlo je vreme da krenem; prođoh kroz zadnji deo kafea kako bih stigla do stepeništa zgrade. Na vratima sam zažmurila i duboko udahnula miris knjiga, kafe i drveta: delići sećanja proleteše mi kroz glavu. Zatvorila sam vrata žmureći i dalje, usredsređena na škripanje šarki. Uprkos mom silnom trudu, nikad nisu prestale da škripe. Kad je brava škljocnula, progutala sam knedlu: gotovo je. Kafe-knjižara *Srećni ljudi čitaju i piju kafu* nastaviće da živi bez mene…

EPILOG

Živela sam u Malreniju nešto duže od tri meseca. Iz dana u dan, sve više sam se osećala kao kod kuće. Moj život je sada tako jednostavan, prirodan, nisam se više preispitivala, uživala sam u životu, bez žurbe i stresa, bez griže savesti. Redovno sam mislila na *Srećne ljude*, slagala bih kada bih rekla da mi se nikad nije steglo srce zbog njih, ali to bi vrlo brzo prošlo; ideja da otvorim malu knjižaru krčila je sebi put u mojoj glavi... Nisam, međutim, žurila.

Razgovarala sam telefonom sa Feliksom. Nisam mogla da dođem do reči! Stalno mi je ponavljao jedno te isto, analizirao je Frederikove reakcije i postupke. Novi gazda ga je danima ostavljao da se krčka na tihoj vatri. Moj najbolji prijatelj je izgubio glavu za njim. To mu se nikad ranije nije desilo: ponašao se kao tinejdžer koji se prvi put zaljubio.

„Ne mogu više, kunem ti se... Sinoć sam bio ubeđen da će konačno nešto da preduzme... i ništa, ostavio me je ispred vrata stana i otišao!"

„A zašto ti ne napraviš prvi korak?"

„Pa... ne usuđujem se..."

Prevrnula sam očima i prigušila gromoglasni smeh.

„Ne podsmevaj mi se!"

„Izvini, ali to je jače od mene..."

Ulazna vrata se zalupiše iza mojih leđa; pogledala sam preko ramena: Edvard se vratio. Pravio je foto-reportažu i bio mokar od glave do pete. Bacio je torbu sa opremom i zavitlao kabanicu gunđajući. Videvši me, krenuo je ka meni, i dalje smrknut. Stigavši do troseda, nagnuo se i poljubio me, uzdahnuvši, u slepoočnicu, pa me šapatom upita: „Feliks?", i ja klimnuh glavom. On se nasmeši krajičkom usana.

„Hej! Dijan, jesi li tu?", dreknu Feliks u telefon.

„Izvini, Edvard se upravo vratio..."

„U redu... shvatio sam... Zvaću te sutra."

On prekinu vezu i ja ispustih telefon pored sebe. Edvard je i dalje nepomično stajao, naslonjen na trosed tako da sam se našla između njegovih ruku.

„Na kraju ću stvarno pomisliti da me se plaši... Svaki put prekine vezu čim sazna da sam tu."

„Ma ne... samo hoće da nas ostavi na miru... Uostalom, razgovaramo telefonom skoro svaki dan..."

Edvard me ućutka poljupcem.

„Dobar dan", reče mi odmakavši usne od mojih.

„Nisam te jutros čula kad si otišao... Kako je bilo danas?"

„Savršeno, ovo je pravo vreme za ono što sam hteo da uradim."

„Zato si tako loše volje?"

„Lošije nego obično?"

„Ne", odgovorih mu kroz smeh.

Još jednom me je poljubio, pa se uspravio. Ustala sam sa troseda. On je obukao suv džemper, pa nasuo sebi kafu.

„Za pet minuta idem po Deklana", obavestih ga.

„Hoćeš da ja odem?"

„Ne, moram da svratim do Džeka, a treba nešto i da kupim."

Prišao mi je i pomilovao me po obrazu, namrštivši se.

„Umorna si?"

„Ne… Kako bih mogla da budem?"

„Ako ti tako kažeš", odgovorio je, ali mi uopšte nije poverovao.

Onda je izvadio iz džepa mokru kutiju cigareta i izašao na terasu. Obukla sam kaput i pridružila mu se. Priljubih se uz njega. Edvard je redovno imao napade usplahirenosti – bojao se da sam se pokajala zbog svoje odluke.

„Ne sekiraj se… Dobro mi je, nikada se nisam ovako lepo osećala."

Pogledala sam ga u oči: posmatrao me je, a lice mu je imalo strog izraz, kao i obično. Pomilovala sam ga po bradi i prešla prstima preko vilice; on me stegnu oko struka, privukao me je k sebi i besno poljubio. Na taj način mi je stavljao do znanja koliko se plaši da će me izgubiti. Nikako nisam mogla da shvatim da se i dalje boji toga... Uzvratih mu poljubac sa svim žarom svoje ljubavi. Odmaknula sam se od njega, nasmešila mu se i ukrala mu cigaretu koju je držao između prstiju. Povukla sam nekoliko dimova, pa mu je stavila u usta.

„Vidimo se uskoro!", procvrkutah i odoh.

On je nešto progunđao. Svratila sam u kuhinju i uzela kutiju iz frižidera. Zatim zgrabih ključeve od kola i izađoh iz kuće.

Nekoliko minuta kasnije nepropisno sam se parkirala ispred škole. Stigla sam tačno na vreme: deca su upravo izlazila. Ugledala sam Deklanovu razbarušenu kosu među ostalim glavicama. On odgurnu drugare i potrča ka meni. Kao i njegov otac, plašio se da ću iznenada nestati.

„Dobro si, šampione?"
„Da!"
„Hajde, upadaj u kola!"

Džeka smo zatekli kako sedi u Ebinoj stolici za ljuljanje, s novinama u krilu, i netremice gleda u vatru u kaminu. Iz dana u dan izgledao je sve starije, bilo je sve očiglednije da mu nedostaje njegov izvor energije. Te zime je ostario deset godina. Jedino je meni pričao o svojoj tuzi, znao je da ga razumem. Volela sam te razgovore u četiri oka koje smo redovno vodili. Dolazila sam nekoliko puta nedeljno kod njega. Iako je gunđao, puštao me je da mu sredim kuću, spremim unapred nešto za jelo. Htela sam da ga nateram da se bori. Znala sam da je to sebično od mene, ali sam htela da još malo poštedim Deklana, Edvarda i Džudit. Svima nam je bio potreban. Moj najveći saveznik bio je taj dečačić koji je skakutao po dnevnom boravku pitajući ga kada će ponovo ići na pecanje.

„Možemo u nedelju, ako hoćeš", odgovori mu Džek.

„Stvarno?"

„Da! Tvoj otac i Dijan imaju posla", reče on namignuvši mi.

Poljubila sam ga u sedu bradu i otišla u kuhinju da poređam jela koja sam spremila tog jutra.

„Treba li ti nešto?", upitah ga kad sam se vratila u dnevnu sobu. „Idem u kupovinu. I moram da svratim do apoteke", rekoh mu.

„Ne, imam sve što mi treba. Ali nemojte da se zadržavate, večeras će biti loše vreme."

„U pravu si! Deklane, jesi li spreman? Idemo."

Narednog jutra, zatreptala sam osetivši poljubac na usnama. Edvard je bio nagnut nad mene i smešio se; pažljivo je posmatrao moje lice dok su mu šake šetale po mom telu.

„Šta želiš da radiš za vikend?", upita me pospanim, promuklim glasom.

„Da spavam…"

„Ostani onda u krevetu, a ja ću ustati."

„Ne…"

Zakačila sam se za njega i naterala ga da ponovo legne, pa se priljubih uz njegove grudi i protrljah nos o njegovu kožu. Nije pokušavao da se bori protiv mene, već me je snažno zagrlio i ja zadovoljno uzdahnuh. Prekrivala sam mu kožu poljupcima, penjući se polako na njega, dok su mu šake sve brže prelazile preko moga tela... A onda začusmo Deklanove korake i kevtanje u hodniku.

„Idem. Nemoj da žuriš", progunđa Edvard. „Videću sa Džekom može li Deklan večeras da spava kod njega."

„Dobra ideja..."

Ustao je, obukao farmerke koje su ležale na podu i izašao u hodnik pobrinuvši se da uljezi ne uđu u našu spavaću sobu. Prebacila sam se na njegovo mesto i odspavala još malo.

Kada sam konačno ustala, zadržala sam se u kupatilu duže nego obično. Pre nego što sam izašla, pogledah se u ogledalo, sa suzama u očima, i priguših smeh. Sišla sam u prizemlje malčice drhteći. Deklan je ležao na podu i igrao se autićima. Kada me je video, on đipi na noge i skoči na mene. Pomazila sam ga, kao i svakog jutra.

„Dijan, večeras spavam kod Džeka!"

Edvard nije gubio vreme.

„Jesi li srećan zbog toga?"

„Da!"

Nastavio je da se igra, ne obraćajući više pažnju na mene. Nasula sam sebi kafu za kuhinjskim pultom i obuhvatila prostoriju pogledom. Deklan se igrao, opušten, spokojan, kao svaki mališan njegovih godina; Poštar Pet je hrkao pored kamina u kome je gorela vatra, a kroz staklena vrata sam videla Edvarda, koji je stajao na terasi, pogleda uprtog u more, s cigaretom u ustima, zamišljen, opušten. Srce mi se nadimalo od radosti; prevalila sam veliki put, svi smo prevalili veliki put. Uspeli smo da stvorimo sreću porodicu od slomljenih, povređenih ljudi, i bilo nam je lepo... Sa šoljom kafe u ruci pridružih se muškarcu za koga je kucalo moje srce i s kojim sam sada delila sve i mnogo više od toga. Pogledi su nam se sreli, i ja mu se nasmeših topeći se od miline.

„Jesi li dobro?", upita me on.

„Da, štaviše, odlično sam..."

Kao i svakoga jutra, Edvard mi baci svoju kutiju cigareta. Piljila sam nekoliko sekundi u nju. Otvorila sam je, zažmurila i pomirisala duvan, pa mu je vratila.

„Jesi li bolesna?"

„Ma kakvi..."

„Ne želiš cigaretu?"

„Želim, sve bih dala da je zapalim."

„Šta je s tobom?"

Smešeći se i dalje, napravila sam dva koraka koja su me delila od njega i sklupčala sam se u njegovom naručju.

„Moram prestati da pušim, Edvarde..."

Izjave zahvalnosti

Roksani i Florjanu, koji su mi pomogli da se bacim na pisanje ovog nastavka. Vi ste podstakli moju želju za pisanjem…

Esteli, mojoj urednici; tvoji saveti, tačnije, tvoje opaske, koje si iznosila vešto i nenametljivo, ostaviće trajan pečat na mom načinu pisanja.

Gijomu… osim zbog svega onoga što ovde ne mogu da pomenem… zato što si morao da prihvatiš moj susret sa Irskom, zato što si se žrtvovao zbog njega, smrzavajući se i pijući ginis i viski! Iako ću pustiti Dijan da ubuduće živi svoj život, mogu ovde da ti kažem da ćemo se vratiti tamo…

Vama, čitateljkama i čitaocima, zato što ste me obogatili i počastvovali svojim rečima, ohrabrenjima, osmesima…

Agenciji *La Bel Ortans*, zato što nam je dala ključeve i omogućila da napravimo te divne fotografije. Dijan je snimljena na mestu koje me je inspirisalo da napišem *Srećne ljude*…

Dijan, toj ženici koja je pre četiri godine izašla iz moje glave... Ti si me navela da pišem i omogućila mi da postanem književnica... Uvek ćeš zauzimati posebno mesto...

O autorki

Klinički psiholog Anjes Marten-Ligan ostvarila je svoj san i postala spisateljica. Svoj prvi roman *Srećni ljudi čitaju i piju kafu* objavila je sama, a zahvaljujući preporukama knjižara i čitalaca roman je brzo doživeo ogroman uspeh i u Francuskoj i u svetu. Pravi fenomen u izdavaštvu! Uskoro će po romanu biti snimljen i holivudski film. Anjes Marten-Ligan je dosad objavila četiri romana i živi u Ruanu.

Laguna Klub čitalaca
Postanite i Vi naš član!

Sva obaveštenja o učlanjenju i članskim pogodnostima možete pronaći na sajtu **www.laguna.rs** ili ih dobiti u našim klubovima:

BEOGRAD
Resavska 33
Knez Mihailova 40
Terazije 38
Makedonska 12
Bul. kralja Aleksandra 92
Bul. kralja Aleksandra 146
Stanoja Glavaša 1
TC Zira, Ruzveltova 33
RK Beograd Miljakovac, Vareška 4
Požeška 118a
TC Aviv Park, Živka Davidovića 86
TC Shoppi, Bratstva i jedinstva 2g
TC BIG FASHION, Višnjička 84

NOVI BEOGRAD
Bulevar Mihajla Pupina 181
Immo Outlet centar, Gandijeva 21

ZEMUN
Glavna 20

NOVI SAD
Zmaj Jovina 12
BIG Shopping Center, Sentandrejski put 11

NIŠ
Voždova 4
TC Stop Shop, Bulevar Medijana 21g
TC Kalča, prizemlje, lamela E, lok. 11

PANČEVO
TC Aviv Park, Miloša Obrenovića 12

KRAGUJEVAC
Kralja Petra I 12

GORNJI MILANOVAC
Vojvode Milana 4

VALJEVO
Kneza Miloša 31

JAGODINA
Vivo Shopping Park, Vuka Bojovića bb
„Til", Kneginje Milice 83

POŽAREVAC
Stari Korzo 2

KRUŠEVAC
Mirka Tomića 89

KRALJEVO
Omladinska 37

UŽICE
Trg Svetog Save 46

LOZNICA
„Svet knjiga", Gimnazijska 3

VRŠAC
Trg Sv. Teodora Vršačkog 5

SREMSKA MITROVICA
Trg Svetog Stefana 32

ZRENJANIN
TC Aviv Park, Bagljaš Zapad 5
„Teatar", Trg Slobode 7

SUBOTICA
Korzo 9
TC Shoppi, Segedinski put 88

ČAČAK
Gradsko šetalište bb

ŠABAC
Gospodar Jevremova 18

ZAJEČAR
„Kaligraf", Svetozara Markovića 26

LAZAREVAC
TC Stop Shop, Železnička bb.

LESKOVAC
„BIGZ Kultura 27", Južni blok 1

LEBANE
Cara Dušana 57

BANJA LUKA
„Kultura"
TC Emporium, Jovana Dučića 25
TC Konzum, Aleja Svetog Save 69
Kralja Petra I Karađorđevića 83

TUZLA
„Kultura", TC Bingo City Center, Mitra Trifunovića Uče 2

SARAJEVO
„Kultura"
Alta Shopping Center, Franca Lehara 2
TC Importante, Zmaja od Bosne 7

PODGORICA
„Narodna knjiga" Novaka Miloševa 12
TC Bazar, Blaža Jovanovića 8
City Mall, Cetinjski put bb.

NIKŠIĆ
„Narodna knjiga", TC Laković, Bulevar 13. jul

Laguna

Posetite nas na internetu!

www.laguna.rs

Na Laguninom sajtu nalaze se informacije o svim našim izdanjima, mnogi zanimljivi podaci o vašim omiljenim knjigama i piscima, intervjui, prikazi knjiga. Možete da čitate besplatne odlomke iz svih naših izdanja, ali i da se zabavite učestvujući u nagradnim igrama koje svakodnevno organizujemo i dobijete knjige na poklon. Naravno, na sajtu možete da nabavite naša izdanja po najpovoljnijim cenama kao i da se učlanite u Lagunin klub čitalaca.

Laguna na društvenim mrežama

Saznajte prvi najnovije informacije o akcijama ili svojim omiljenim knjigama i piscima tako što ćete pratiti objave na našoj *Fejsbuk* stranici, prijaviti se na naš *Jutjub* kanal, pratiti naše tvitove ili objave na *Instagramu*.

 laguna.knjige   laguna_knjige

 lagunaknjige   IPLaguna

Anjes Marten-Ligan
ŽIVOT JE LAK, NE BRINI

Za izdavača
Dejan Papić

Lektura i korektura
Silvana Novaković, Mirjana Živić

Slog i prelom
Saša Dimitrijević

Dizajn korica
Marija Vasović

Tiraž
2000

Beograd, 2018.

Štampa i povez
Artprint MEDIA, Novi Sad

Izdavač
Laguna, Beograd
Resavska 33
Klub čitalaca: 011/3341-711
www.laguna.rs
e-mail: info@laguna.rs

CIP – Katalogizacija u publikaciji
Narodna biblioteka Srbije, Beograd

821.133.1-31

МАРТЕН-Лиган,Ањес, 1979–

Život je lak, ne brini / Anjes Marten-Ligan ; prevela s francuskog Gordana Breberina. - Beograd : Laguna, 2018 (Novi Sad : Artprint Media). - 252 str. ; 20 cm

Prevod dela: La vie est facile, ne t'inquiète pas / Agnès Martin-Lugand. - Tiraž 2.000. - O autorki: str. [253]. - Od istog pisca: str. 1.

ISBN 978-86-521-2950-8

COBISS.SR-ID 264789516